你這麼可愛，留給懂的人來愛

口罩男寫給女孩們的

「新．愛情童話」

口罩男 著

suncolor 三采文化

推薦序

不管有沒有人愛，都要活得很漂亮

大家好，我是樂兒，寫文章不是我專門，但拆我老公招牌我很會。他最近有個國民老公的外號，我回頭看了看他，心想……他真的有這麼完美嗎？在我眼中，他明明缺點一大堆！

例如：

口罩認識我之前，不只會抽菸，還抽滿兇的，但後來我一懷孕他卻戒掉了，真是沒原則的男人（欸，好像哪裡怪怪的？）。

口罩認識我之前，雖然瘦瘦沒什麼身材，但嘴巴很厲害，不愧是人稱很會講幹話的作家，所以很吸引女生歡迎，電話簿裡面滿滿女生電話，一個比一個漂亮。跟我在一起之後，當然沒有馬上全刪掉，這樣實在太假，但在我的吩咐之下，把我覺得不喜歡、怪怪、有問題的女孩，一個一個刪除，最後電話簿只剩下他媽媽跟姐姐，他也不敢對我生氣，還笑笑說，老婆說得都對。真是沒用的男人（欸，好像又有哪裡怪怪的？）。

口罩跟我交往時，有一次我發燒全身沒力，連下床都無法，本來他要公主抱帶我去看醫生，結果根本抱不動本小姐，我頂多是骨頭重，體重哪有重？從此他開始狂練健身，現在我偶爾逛街累了，他不顧旁人眼光，直接公主抱抱我到車上，我怎麼罵他都不理我，這麼厚顏無恥不要臉的男人，你們說誇不誇張（欸，怎麼好像還是怪怪的？）。

有一次長輩來家裡作客，對方看過他寫的婆媳文章，誤會我是壞媳婦、不孝順婆婆的女人，在客廳說些閒言閒語，口罩聽到之後馬上衝出去理論，連婆婆都攔不住他。

口罩在家裡有個奇怪規矩，就是婆婆不能說媳婦是非，媳婦也不可說婆婆壞話，因為只要口罩聽到就會發火，我跟婆婆有幾次擦槍走火，都被他罵到哭，你說這麼沒大沒小，連長輩、媽媽、老婆都敢罵的男人，到底能有多好？

如果真的要說他好……我覺得他好可愛。

記得跟口罩還是朋友的時候，有一次我出國回來，想說麻煩口罩來機場接我（其實是自己也滿想他的啦，但沒跟他說，畢竟還是朋友嘛～）。結果他不是先問我幾點的班機，而是跟我說：「我的車很爛耶，真的可以去機場接妳嗎？這樣會不會害妳沒面子或是被朋友笑？」（口罩那時開著一台十幾年、烤漆快掉光的國產車，因為工作關係長期放在戶外曝曬，久而久之，車身日漸髒污，連擋風玻璃都有裂痕。）

我一聽馬上笑了出來，怎會有這麼可愛的人？

我就說：「應該還能動吧？開得回台北就來啊。」

後來發現，他真的沒說謊，原本想說口罩看起來就乾乾淨淨，車哪能有多爛？結果，真的很爛，哈哈哈哈。

一上車，他頻頻對我道歉：「讓妳丟臉了，真的很不好意思。」

一個男人，或許會因為開的車、穿的衣服，讓女人想多看幾眼；但會讓一個女人願意看一輩子的男人，則是始終把女人放在前面的那份心。

口罩的車不好，但不會以此為藉口不帶我出去玩，他知道我愛看風景，只要一放假，就帶我去看山看海。他的薪水每個月繳完貸款、房租已經很吃緊，但他是那種「自己勒褲帶，也要對女人好」的人。自己去便利商店跟好友拿過期品充飢，卻帶我去好吃的餐廳（他才不敢跟我說，是我自己發現的）。

要讓一個女人對一個男人死心塌地，就是先讓她感動，老實說，我感動了，所以也對其他男人死心了。

每個女人都希望被自己的男人「疼愛」，
但自己也要有所付出跟改變，才值得這份「寵愛」。

我和口罩在一起時，才二十歲，正值最愛玩的年紀，原本賺多少就花多少，但……我愛我的男人，不想看他這麼辛苦。於是拋下揮霍無度的個性，收起玩心開始存錢，並且分辨生活中的「需要」跟「想要」；也跟異性保持距離，拒絕不必要的邀約，並主動提議把每個星期的約會吃大餐，改成路邊攤跟夜市小吃，因為我跟口罩**要過的不是短暫激情的瞬間，而是平穩且踏實的永久。這種生活，需要雙方的信任、支持跟安全感。**

有些男人老愛說女人現實、勢利，其實只要是人，多少都會現實。但我覺得這句話對跟著你窮過、辛苦過的女人本人說，很不公平。

如果她現實，怎麼可能在你窮的時候跟了你；
如果她現實，怎麼可能明知道你是月光族，還是跟了你。

她後來的現實，是因為你讓她看不到希望；
她後來的現實，是因為在你身上得不到疼愛；
她後來的現實，是因為你窮就算了，還總是讓女人哭。
女人的離開被說「現實」，不離開是「不肯面對現實」，
換作是你，又該怎麼選？

我不會在男人的寶馬上哭，也不會在腳踏車後座上落淚，車我會自己買也會自己開，腳踏車我騎得比誰都快、都穩。
不管有沒有人愛，我都會活得漂亮，這樣才不會浪費我父母給我的這一生。

口罩嫂 曾樂兒

作者序

別讓忍耐毀掉你的生活

我十八歲時，考上了一間位於市區的私立大學，但家鄉霧峰卻遇到了史上最可怕的九二一大地震，我的家、國小、國中跟高中，都被判定全倒，得要全部重蓋，後來朋友都笑我，說不敢跟我同校，因為我唸過的學校全倒了。

父母因為這次大地震損失了許多財物跟做生意的器材，漸漸的，家裡的狀況每下愈況負債累累，加上從小功課就比我好太多的兩位姐姐，同時攻讀高等教育，父母就像蠟燭兩頭燒一樣，到處借錢跟標會，只為了讓我們能順利完成學業。

我永遠記得當我拿著學費單跟母親要錢，母親因為去工廠打零工，手上滿滿的傷痕，那雙手遞來一疊疊白花花的鈔票時，我的心不知道為什麼好痛，當時只覺得，這可是父母的血汗錢啊，用在成績這麼差的我身上，值得嗎？

於是念完第一個學期之後，我便決定休學，跟著同學去報考職業軍人，畢竟受訓就有錢，掛階之後還有三萬多薪水，這對剛出社會的新鮮人來說，簡直是夢幻工作。

我不怕苦也不怕失去自由，

我怕的是我父母因為我太苦。

如今二十年過去了，結束了十四年的軍旅生涯，擁有一個幸福家庭，但心裡始終有個遺憾——當年未完成的學歷。看著六十多歲的母親，每天行程滿滿地學日文歌、上日文課、練習日文發音，也激發了我：「不要安於現狀，人生只有一次，學習是一輩子的事情。」

六月的一個晚上，對著床邊老婆說：「老婆，我如果晚上回去念書，妳會不會反對？」

講這句話時，我內心是不安的，心想她應該會無法接受且不滿的回說：「回去念書要幹嘛？拿到學歷有意義嗎？認真上班賺錢才是最要緊的事情吧？」

誰知道她竟然舉雙手雙腳贊成說：「我支持你！你一定要回去補完學歷，家裡有我，你放心。」

聽到這句話的時候，內心滿滿的溫暖，有個能在背後默默支持著我的人，人生真的了無遺憾！

回到學校已有一段時間，白天上班、晚上上課，每天都過得非常充實。也會收到朋友替我抱不平說：「有一些不喜歡我的人在酸我，年紀這麼大了才來念大學，原來學歷低也能出書。」

我反過來笑著安慰朋友說：「他們說的也是事實啊，所以我要更加努力，把自己的不足一一彌補回來。」

他苦笑著說：「你怎麼能一直這麼樂觀？」

我拍著他的肩膀說：「因為這個世界已經夠多負能量了，偶爾還是需要一點正能量。」

重返校園，曾收到幾位粉絲的來信，他們跟我差不多年紀，也有小孩跟家庭：

「口罩哥你好，看到你回校園念書覺得很勵志，也跟著仿效，雖然就讀學校離家有段路，但我會繼續努力完成學業，謝謝你常常分享故事。」

看完之後，除了回信互相鼓勵之外，也約定四年後一起畢業。

對方開心地回我說：「說到做到。」

雖然沒見過面也不熟，但能共同為一個目標互相勉勵的感覺，真好！

這些年，默默感受到自己的行為跟觀念會影響到身邊的朋友，不管是男是女、長輩或晚輩，偶爾會聊起彼此的轉變。我談兩性男女關係，雖然路還很長，但確實有許多人慢慢跟著改變，重返校園這個故事，就是想鼓勵大家——

人的一生只有一次，該為自己的幸福跟目標勇敢一次，這世界很大，不要局限自己的發展。

如果你正被感情煩惱、對生活困惑、受各種困難折磨著，不妨先靜下心來看看這本書，暫時逃離現實生活，一起進入到女主角的逆襲人生中，享受一段開掛人生，讓自己內心沉澱一下，再重新出發。

誰說女人只能洗衣、煮飯、帶小孩呢？女人不輸男人，只是你需要一些方法跟觀念，設定好自己的停損點，建立好自己的界限，人不犯我，我不犯人；人若犯我，禮讓三分；人再犯我，斬草除根。

不要以為忍耐可以改變生活，最後你會發現，
忍耐，會毀掉你的生活。

目錄
content

Chapter 02

逆來順受灰姑娘

以為嫁到幸福好人家，
沒想到天天伺候公婆與大小姑，生病還被當顧床不做事。
灰姑娘委曲求全，等著穿上玻璃鞋找回幸福好日子，誰知道……

Chapter 03

天真無邪白雪公主

一直迎合老公的要求、滿足旁人的期待時，
漸漸失去了興趣、遺忘了快樂、找不到成就。
白雪公主天真善良有愛心，吃了巫婆毒蘋果，還跟她微笑說謝謝……

Chapter 01

當小紅帽愛上大野狼

男友和那女人一開始是溫馨接送情、後來是半夜簡訊，

他死不承認劈腿，抓包又跪求不想分手。

小紅帽以為自己愛上的是帥獵人，

沒想到卻越來越像大野狼……

愛情不容許「僥倖」兩字存在

口罩男：

最近我發現，我先生會跟以前認識的已婚女性聊天，而且聊天時間都是在他起床去工作後開始，他這樣的心態到底是什麼，還有當我存在嗎？

之前有問過他對方是誰，他跟我說是很久沒聯絡的哥們，但是明明就是女生用 LINE 跟他聊天的紀錄。有一次雨天，他們兩人聊到因為女生的先生現在不在家，沒人可以載她去上班，她只好自己冒雨出去，我先生就說要去載她，看到這我心都涼了，而且他們每次的對話紀錄，我先生都是隨傳隨刪，這是有鬼嗎？

By 發現鬼不只在鬼月出現的女子

男人和已婚女性過從甚密的心態是什麼？心態大都是好玩，加上一點現實的刺激感。

而對方有沒有把妳當成存在？

當然沒有，不然就不會有這件事情發生。

再者兩人之間有沒有鬼？

當然有。沒鬼幹嘛騙妳、沒鬼刪什麼簡訊、沒鬼別人的老婆下雨天騎車上班，關他什麼事？

通常男人瞞著老婆，跟另外一個女人私底下偷偷聯繫，往往都是因為這個女人的存在或出現，不方便，甚至不適合讓自己的老婆知道，因為他們心底明白，老婆要是知道了，鐵定會想太多或生氣。

但我們要反思一下，為什麼老婆知道會生氣？為什麼老婆知道就會想太多？

是不是你們曾經有過一段情甚至交往過，老婆不知道，所以怕老婆想太多？

或是你們聊天的尺度，早就超過普通朋友之間的關係，所以怕老婆看到會生氣？

還是你平時對這個女生的關心問候、溫柔體貼，早就遠遠超過對老婆的態度？

不然如果真的坦蕩蕩，有什麼好怕的？

老實說，跟異性聊天很正常也沒什麼，但多了天天關心跟謊言，往往都是很有什麼的開始。要知道——

「很多愛情故事都是從聊天開始。」

「很多心動，都是從看似沒什麼的關心問候所觸發。」

男人不要覺得一切都在掌控之中，當你刪除聊天訊息、當你欺騙老婆、當下雨天捨不得對方想去接她時，你早就已經無法控制自己的情感。

有多少婚姻關係中偷吃背叛的人，他們一開始也沒想這麼多，以為就是一個比較談得來的好友，每天固定時間上線關心閒聊，到最後的見面互動，就這樣越陷越深，等到發現想抽離的時候，老早就動了真情，活到一把年紀，有了家庭才在玩那種激情火花似的愛情故事，不累嗎？

停下腳步，回頭看看自己身邊擁有的，老婆、小孩、工作、家人，這才是最踏實的，刺激、新鮮、欲望、性愛，都只是短暫的情欲，不要讓它超越了自己的判斷，也不要拿自己的幸福開玩笑，因為要付出的代價，往往都是兩個家庭的破碎。

一個心中只有一個女人的男人，他手機不會藏，簡訊懶得刪。

女人傻嗎？不是，是每一次都以為對方會改。忘不了曾經的甜蜜回憶，忘不了你對我的溫柔體貼，總以為自己會是你生命裡最特別的那一位，一次又一次的等、一次又一次的賭，遺憾的是，最後還是遍體鱗傷的離開了。

男女交往，最忌諱一次又一次的原諒對方，因為這個舉動，往往換來的不是感激跟愧疚，而是「變本加厲」。

每一次被發現的當下，我相信做錯事的人，他的懊悔、愧疚、承諾，甚至淚水都是真情流露，畢竟是曾經這麼恩愛過的兩個人，擁有的回憶實在太多，但事實證明，對方最愛的還是自己，不是嗎？

不然你怎麼會捨得一次又一次的傷害她，
不然你怎麼會放縱自己的欲望任其所為。

你難道會不知道，當你赤裸裸地躺在別的女人身旁時，剛被你用電話溫柔哄睡的那一位，心會有多痛？知道，你鐵定知道。那為何還要做？

愛情不容許存在「僥倖」這兩個字，
夜路走多總會碰到鬼。

「毀掉一個女人對你的信任跟愛，只要短短幾秒鐘，但建立起來，卻要好幾年。」當傷害已造成、信任已破碎，是很難再回到從前的。不要把愛你的人都當白痴，你能騙得過的，都是愛你跟信任你的人，你能傷害到的，也都是在乎你的人。

男人有了一定的名氣、財富、甚至社會地位時，對於一些主動靠近自己、身材面貌都姣好的女子，難免會有所驕傲跟心動，內心甚至還會有所幻想跟欲望，這都是很正常的事，換作是我面臨同樣的狀況也一樣，這是雄性動物的本能。

但我們人跟動物的最大差別是什麼？在於「心」，我們的心如果夠強大跟獨立，就能很清楚的知道，什麼事可以、什麼事不可以，我們不會讓本能控制住我們的心。

你心動真的去行動，你放任自己的欲望讓它無限擴張，那你跟動物有什麼兩樣？獅子座不代表身旁無時無刻都要有一堆母獅。

你對異性的態度，決定了對方對你的行為。

不管你的環境有多複雜，也不管你的身邊有多少誘惑，更不管你的女性朋友有多主動，一個心夠獨立強大的男人，一定能明確的將彼此的界線劃分出來。

你不會讓任何女人以為你有機會，
你不會讓任何女人以為她有希望，
你會懂得避嫌，你會跟異性保持距離。

失去了名聲跟金錢，是當初天真僥倖地認為，傷害了一個女人的心，
還能輕易全身而退的代價。
而最痛的還是……
一個曾經把自己當作全世界的女人，
如今，你只是她世界裡的一小段故事了。

愛情不容許
存在「僥倖」這兩個字，
夜路走多總會碰到鬼。

躲躲藏藏的愛情，魔鬼就藏在細節裡

口罩男：

我在去年認識一位男性，在認識約三個月後（這期間他一直是放出訊息就是他沒女朋友），結果我們見面也交往了，甚至因為不小心有了小孩，他才告訴我他已婚，但目前跟老婆正在談離婚。

後來，我選擇把小孩拿掉，我們依舊持續交往約快四個月，他突然提分手，原因是他很累，要應付我還有家庭、工作，分手後他非常果斷，態度也三百六十度大轉變，其實我真的還走不出來，雖然周遭的人都跟我說別傻了，但他又說不想跟我斷了聯繫，還想繼續當朋友，等處理完家裡的事情就會來找我。

但，他現在態度真的比朋友還不如……

By 苦苦等待的第三者

這男人隱匿已婚的事實與妳交往，甚至讓妳有了小孩還被迫拿掉，導致妳身心受創，還侵害妳的人格跟貞操權，妳還在跟他當什麼朋友？直接上法院請求損害賠償了。按照過去案例賠償十幾至五十幾萬不等都有，但對方老婆也很可能會告妳侵害配偶權，所以妳要提出妳確實不知道這男人隱匿已婚的事實。

當然如果妳慈悲心大爆發不想追究，那我拜託妳，千萬不要再跟對方有任何聯繫，不然妳真的會走上身敗名裂這條路。妳要知道，就算妳真的是無辜好了，但事件一曝光，攤在陽光底下公審的時候，請問社會大眾會怎麼看妳的新身分，小三？

「這女生好可憐喔，被男生欺騙當了小三，也太無辜了吧？」別天真了，觀眾聽到小三大都是嗜血的，妳還來不及做任何解釋，就會被冠上「破壞幸福家庭的狐狸精」，然後開始被肉搜、起底，連妳的小孩都很有可能連帶被大做文章，妳不顧慮一下自己，也請考慮一下小孩，好嗎？

我就明白跟妳說了，可能會很難聽跟傷人，但他就是把妳當成一個，可以讓他免費尋求刺激跟發洩性欲的炮友罷了。妳知道有些變態的已婚男人，專挑單親媽媽當作目標嗎？

因為妳們的身分對他們來說，有一種莫名的挑戰跟吸引力，他掩蓋已婚的身分，扮演關心妳的暖男，飾演著好像在感情上被傷害過的專情男，更熟練地訴說著每段感情的失敗都是對方的錯一樣來博取同情。但妳會發現，他們往往週末假期就找不到人，從來不帶妳回家見他的家人，甚至到了晚上就會人間蒸發，只有他可以主動找妳，妳不要一直找他。

當被發現已婚的事實時，往往第一招起手式就是：「我跟太太感情不好，老早就在談離婚了。」然後一連串老婆對自己有多壞、多爛，來博取妳的同情，最後一定會強調說，已經很久沒碰對方了，我的身體只屬於妳之明明很爛，但女人就是很在意這樣的戲碼。

如果這時候妳還沒上當，他就會開始放大招說：「我真的真的好愛妳，我好怕妳離開我，所以才會選擇隱瞞，然後直接抱著妳痛哭、打自己、下跪。」

拜託，電視演的都是真的，妳都沒在看嗎？

何況世界上真有這麼巧的事情，

剛好全天下壞女人的特質，都跑到他老婆身上？

老婆真這麼差，為什麼還不趕快離一離？我就明白說了，因為他老婆根本沒這麼壞，說不定還是個好女人，而他的生活也不像他說的這麼淒慘，妳在他的心中更沒有重要到可以讓一個已婚男人為妳離婚。

妳知道一個男人離婚後要再走入婚姻所要付出的成本有多大嗎？別傻了好嗎？

最後溫馨提醒大家一下：

第一、如果在交往的過程中，男友的行為實在可疑，可以在聊天之中詢問對方是不是已婚，如果對方說「沒有」，請截圖存證，這樣未來如果確定對方已婚，才能在法院上主張這男人隱匿已婚的事實，求償撫慰金，請不要再傻傻讓人欺負好嗎？

第二、如果在交往的過程中，男友的行為實在可疑，可以請他出示身分證，當然可能會遇到高手拿未婚之前報遺失的給妳看，真的覺得太詭異的話，請上內政部戶政司，輸入對方換補證資料，就可以知道是否是最新的身分證。

第三、其實一個男人真要騙，百百種理由防不勝防，被愛蒙蔽雙眼的妳，簡直就像三歲小孩，但我身為男人，就跟妳們說一個最簡單的道理，男人佔有欲是很霸道的，他真心愛妳，妳就是他的女神，他多怕妳被其他男人追走、搶走，所以交往過程中，他一定巴不得向全世界的男人宣告說，妳是他的。

所以那種躲躲藏藏、見不得人的愛情，奉勸妳們睜大雙眼吧，魔鬼往往都藏在細節裡。

愛一個人真的不該這麼痛

口罩男：

我男友離婚有個小孩，他是個很大男人主義的人，在這個家所有事都要聽他的。

彼此就算一言不合，我也絕對不能回嘴，一回嘴，馬上就是三字經問候我家人的難聽話。有一次他對我動粗了，之後就開始習慣對我動手，最近這次更是爆打我，打到我頭暈，臉上、鼻子都有擦傷，當時真的覺得自己要被打死了。

他一直希望我聽他的話，在家替他照顧小孩，當一個好老婆，所以只要我想出去找朋友他就會發脾氣，覺得我不該把重心放在其他人身上。

剛開始交往，他曾經說想娶我，但現在只要提到這件事，他就會說經濟不好怎麼結婚？還說就算結婚也不希望再有小孩，因為他已經養不起了，他好的時候對我很溫柔，但脾氣一來就控制不了自己，我不知道哪個才是真的他？

By 被雙面人格折騰的女人

我想妳男友不是想要妳當他的好老婆，他只是想找個不用花錢的「好保母」。離婚雖然往往不是單方面的問題，但妳有沒有想過，為何他前妻會離開他？一個脾氣上來就會亂摔東西，霸道到連跟什麼朋友出去都要控管，甚至對還沒結婚的女友都能做出爆打這麼激烈動作的事情，如果妳現在妥協、認可、更覺得無傷大雅的話，那不就是變相默許了他以後對妳的傷害？

妳想學習，他說妳這麼笨別丟人了。

妳想交朋友，他說妳的朋友只會害妳。

妳想工作，他說妳賺這麼少只是浪費時間。

當妳提出任何想法，他只會用打擊、貶低、辱罵來回絕妳時，漸漸的，妳什麼都做不成。對方的目的其實非常明顯，無非就是為了讓妳失去信心、對自我產生懷疑，當妳從靈魂深處開始認為，自己就是個什麼都做不好的女人時，妳就會對他有了依附性，也就方便他控制妳。

看看妳身上那一道道新生的傷痕吧，對方看似良善的那一面，都只是一場想把妳綁在身邊的爛戲。

很多人在愛情裡面往往會迷失自己，因為人是念舊的，我相信你們一定曾經相愛、幸福、也開心過，但也正是那該死的往事回憶導致妳為了不對的人無怨無悔、義無反顧、甚至成了過度犧牲自己的動力。我不評論這種犧牲是對或錯，又或是值不值得，但我就想問妳，妳覺得在未來的十年、二十年之間，如果反覆發生這些事情時，妳依舊可以無怨無悔、義無反顧嗎？

他推妳抓妳，受了傷，反正就一些小傷口，上個藥就好？

他不想再生子，妳雖有遺憾，但聽老公的安排就對了？

他不喜歡妳跟朋友太好，妳能一輩子都斷了所有朋友的聯繫？

他摔東西，妳能一次、兩次接連忍住脾氣默默收拾？

他收入不穩，妳又能忍下想抱怨跟不滿的那張嘴，次次替他保留面子跟尊嚴？

如果能，那妳看到這裡就可離開，但如果以後後悔，妳怨不得別因為這是妳所選的生活；那如果不能，這種唯唯諾諾、處處被控制住的人生，能叫「生活」嗎？像這樣的生活，有一天妳一定會爆發，而他也會被妳惹毛，到時候就不只是推跟拉而已。有時候不要自己騙自己了……妳明明很清楚，像他這種個性，你們是無法長久的。

你也很清楚，他口中所謂的好老婆，就是要乖乖照顧他跟前妻的小孩，洗衣、煮飯、打掃、不能出去工作、最好半個朋友都沒有，但這也不是妳想要被安排的角色；妳也明明知道，真結了婚，接下來所要面對的就是「一連串心不甘情不願的妥協」，而這些妥協偏偏都是真實存在也發生過的事情，妳還不肯拿出勇氣面對現實嗎？

在愛情裡，愛一個人真的不該這麼痛，

因為那是不正常的事。

妳更要知道，每一次在感嘆自己的不幸福，羨慕著別人的老公、老婆都這麼好的同時，難道真的是妳條件差、個性壞？還是自己的命就是這麼不好？

「不是」，而是妳從來不願離開不幸，不願提起勇氣去放開那些不對的人。妳一再的給對方機會，一再的以為對方會改，一再的以為自己能感動對方；一直不斷拿熱臉去貼別人的冷屁股，不斷讓別人來糟蹋自己，不斷找藉口跟理由替對方脫罪，一直到了最後，妳的不幸，仔細想想，其實都是妳自己找來的。

愛與不愛，都不是再去找另一個她

口罩男：

本來我和男友都很好，但他開始嫌我煩，覺得我不懂他，我們都是不愛吵架的人，所以當我想和他溝通時，他就會開始變得有點拒絕，後來有次出門不愉快，他打了我一巴掌，事後我原諒了他。

我想我們彼此都需要點空間，我選擇了搬回家，但噩夢就在搬回家後發生。我放假去找他時，被我發現他與一位酒店女孩聯絡，沒錯，他劈腿了，我不敢相信我一直信賴的好男人也劈腿，事後我男友乞求我原諒，再給他一次機會，說會好好愛我一輩子，但沒多久又發生了第二次。他跟我說有點喜歡上她了，叫我給他時間處理，兩個多月過去了，我提出了分手，但男友並沒有答應也沒有挽留，還繼續跟那個女生聯絡，不懂男友到底想要什麼，兩邊都想要？

By只能當二分之一的情人

「本來我和男友都很好，但他開始嫌我煩，覺得我不懂他？」

妳不要太糾結於當下，這段感情出問題是不是妳真的很煩還是不懂他，妳要知道，當男人變心要躲妳的時候，連算命說我們八字不合，或是我們比較像家人不適合當戀人，這種爛理由都能說出口！

「後來有次出門不愉快，他打了我一巴掌，事後我原諒了他。」

雖然不知道不愉快的原因是什麼，但會動手的男人基本上就出局了，表示他控制不了自己的情緒，他能打妳一次就會有第二次，這次是一巴掌，下次可能就是推妳去撞牆。

「我放假去找他時，居然被我發現他與一位酒店女孩聯絡，沒錯，他劈腿了。」

打人就很糟糕，現在還劈腿？不要人家不把妳當回事，妳也不把自己當回事，好嗎？

「事後我男友乞求我原諒，希望再給他一次機會，說會好好愛我一輩子，但沒多久又發生了第二次。他跟我說有點喜歡上她了。」

小姐，會說愛妳一輩子是因為他「真的被妳嚇到了」，他沒想到妳會發現他的惡行，當然要講一些山盟海誓、情比金石堅的話來安撫妳，我也知道他當下滿臉的懊悔跟愧疚，加上你們曾經的往事回憶，讓妳最終還是選擇原諒他，我不怪妳，這很正常，我理解妳第一次的選擇，但……當第二次又發現時的處理方式，我就必須坦白跟妳說，妳是在等什麼？妳還在期待什麼？

期待他被酒店小姐甩掉之後，再回過頭來求妳原諒嗎？小姐，妳不是資源回收桶啊，妳的尊嚴、妳的驕傲呢？

有些事情，不能姑息；

有些行為，不能原諒！

妳回頭想想這幾個月他的行為跟表現，還有像當初妳心中的好好先生嗎？妳必須告訴自己，人確實會變，他也確實變了。不要去期待他未來會不會後悔或改變，妳沒那個時間等，因為現階段在痛苦跟受煎熬的人，是妳不是他。

「錯過就是錯過，至少妳曾經很認真愛過。」不要天真地以為對方對妳還有愛，傻瓜，他的行為老早就給了妳答案，妳還看不出來嗎？

他狠不下心來跟酒店女子說分手，卻可以狠心看妳天天以淚洗面，妳滿心期待他能給妳一個交代，可是他卻一拖再拖冷處理這件事，當妳在難過傷心痛苦的時候，他也許正跟那個女生甜甜蜜蜜中，答應口罩哥，別再傻了好嗎？

最後也想跟男生說一下，也許你對身邊的她，老早就沒感覺，只是一種習慣，甚至當初在一起都是個錯誤，但不管是什麼愛或不愛的理由，都不是能讓你去外面另找一個她，然後回來傷害曾經這麼親密的人的理由。

你這臭小子，到底憑什麼這樣自私的去糟蹋一個眼中只有你的人？

錯過就錯過，
至少你認真愛過。

不要忘了最初的心動

今天看到一篇新聞報導，底下有很多人留言說：「婚後還談什麼戀愛？男人不賺錢要怎麼養家？老公肯照顧小孩就要偷笑了還嫌？」

可是，婚姻關係不是只要做好生活上的合作關係跟搭配，就好像擁有一張免死金牌一樣，可以讓人忽略掉伴侶情緒上的感受。

今天換個角度想，要是你老婆眼中只有工作跟小孩，當你家人離世的時候，她漠視了你的難過；當你工作不順的時候，她忽略了你的感受；當你失意落寞的時候，她無視了你的心情。

你當下最迫切需要的，其實不是她在現實生活中的協助，而是一種伴侶之間才能給的心靈慰藉，但她卻一點都不肯給的時候，你還會因為她小孩顧得很好、也有賺錢回家，就認為她是一個好老婆嗎？不，你不會，你頂多只會覺得她是一個好媽媽。

婚後確實要面對很多現實生活上的問題，但這跟用愛去經營彼此的生活並不衝突。白天工作辛苦，晚上回家說聲「老公／老婆，今天辛苦了」；家裡經濟不好，夫妻每天聊聊發生了什麼事情，互相關心一下；孩子出生之後，婚後依舊把對方的情緒擺在優先而不是小孩。現實生活是很辛苦，但這與日常對家人付出愛與關懷，又有什麼衝突可言呢？

如果要因為婚姻或小孩，而失去愛情；

如果要因為柴米油鹽醬醋茶，而不去經營婚姻。

那你們的關係還剩下什麼？搭伙？室友？

談戀愛時不管多晚、再累、明天多早的班，只要對方心情不好，你總會不厭其煩地安慰她。

才幾天不見，不時就會傳來簡訊說：「我好想妳，可以聽聽妳的聲音嗎？」

還記得第一次幫她過生日，你騙她說要加班不能陪，卻在下班時抱著她最愛的熊娃娃出現在公司門口，那一天，她落下喜極而泣的眼淚，哭了好久好久。

不管去到哪裡，你的手總是緊緊牽著她，生怕她走丟了一樣；讓她感受著手心的溫度，也時時刻刻溫暖了她的心。

女人要的不過就是這份用心跟關心。

但沒想到的是，身分從女友換成了老婆、小孩的媽媽之後，以上那些都只是奢求，甚至只要多提個幾次，就忍不住念她「公主病、不知足」，都當媽了還跟小孩一樣，老想著那些有的沒的！

那當初你主動為她這樣做的時候，都是情投意合、萬千溫柔；如今她希望你試著繼續做，你卻反過頭來罵她不知足？

女人不要心愛的男人做牛做馬，更不要你用生活上的委屈跟經濟上的負擔來換取生活中的幸福，她看到你苦也會很心疼。但你不能連愛妳這件事，都表現得委屈、厭煩，甚至痛苦。

有時候只要你溫柔的一句話、一個強而有力的擁抱跟義無反顧的支持，便足以療癒一顆女人的心，就算生活再累，也會甘之如飴。

你要讓她感受到不管發生什麼事，你都會陪她一起度過，適時的用關心、愛心跟貼心來撫慰她的心靈世界。

但大多數男人都寧願選擇更困難的方式，不停地講道理、法條似地理性分析，甚至用傳統思維灌輸女人——

妳是女人就該怎麼樣，

妳是媽媽又該怎麼樣，
走入婚姻本就該這樣！

如果一段感情因為角色的轉變，就不能再談愛，甚至婚後想被先生疼愛，都要用拜託，那離開的女人遠比那些同樣不被愛也不敢求愛、卻甘願在生活上將就的人，來得更有勇氣。

不要忘了最初的心動，
女人要的不過就是這份用心跟關心。

愛是兩個人一起做來的

口罩男：

我有個問題想問你，我今年三十一歲有兩個小孩，我老公從去年開始就很少碰我，他的理由是工作很累，但工作很累又會偷偷在房間看影片自己來，我不懂他寧願自己來，也不願意碰我是什麼道理，我是人也有欲望，他有考慮過我嗎？

這問題在我腦海中久久無法散開，有一天我忍不住問他，他就惱羞罵我說我不尊重他，為了這件事我們已經冷戰好幾天了，是不是我婚後每天照顧著兩個小孩，身材也沒有以前好，變得沒有魅力，他才不願意碰我？

By 也想被老公疼愛的二寶媽

男人婚後寧願自己來也不願意找老婆，實在有太多原因，但普遍來說，男人隨著自己年紀的增長，體力大不如前，或是婚後小孩的出生、重心的轉移、工作跟生活上的壓力等，都會導致他們心有餘而力不足，做愛畢竟對男人來說，是個「體力活」。

過程中，還要擔心、考慮、猜測老婆是否滿足了，前戲會太長嗎、可以繳械了嗎等因素，所以久而久之，他們就會偏向尋求可以自己控制速度、輕鬆、又能滿足自己欲望的方式來解決。

當發現先生寧願自己來也不碰妳的時候，先不要預設立場說：「先生是不是不愛我了？先生是不是不喜歡跟我做了？或是他外面是不是有其他女人吃飽了？」然後去詢問他、怪罪他、責備他。

我知道當原本這麼自然的事情，卻一再得不到回應時，妳會焦慮、妳會著急、更會開始沒自信，但當這些負面情緒一產生，反而會成為先生的一種壓力。

其實男人可以用快速、輕鬆的方式來解決自己的欲望，女人也可以。現在很多情趣用品都做得非常厲害跟貼心，但不是要你們以後都各自使用這種方式，而不再觸碰對方的身體。

而是考慮到，很多時候天不時地不利，妳想要的時候先生只想睡覺，先生想要的時候妳可能一點都不想動，當發生這種狀況的時候，不情願的那一方都不喜歡被迫去做那檔事，那在不影響他人又想滿足自己欲望的情況之下，「自發性的愉悅」便是一個很好的辦法，而不是一種「罪惡或丟臉」的事情。

我覺得夫妻都要坦誠跟接受這件事情，不要抗拒或排斥對方自己來，男人有欲望女人也有，當女人自己來的時候，先生在旁邊也能主動親吻、愛撫、甚至擁抱；當男人只想享受繳械的那一瞬間不想太耗體力時，女人也能用手、口、舌，或一些肢體表情跟聲音來協助（女人也太忙……）。

「動作」都能讓另一半更加「愉悅」，
「過程」也都能讓另一半感受到「你的愛」。

這也可以讓做愛多了許多彈性跟變化，「可以一起」、「也可以獨享」、「更可以協助就好」，也不會因為對方不想，我們就只能壓抑或忍耐，長期下來演變到最後的胡思亂想。

適當的自發性愉悅我同意，但請不要讓它變成一種天天來的習慣，當你只願意吃著獨享餐，胃口一直處於滿足的情況下，你當然就不想碰另一半，也不想讓另一半碰。

男人在性這方面就是典型的「視覺跟味覺的動物」，所以舉凡「情趣用品、香水，或角色扮演」來增加夫妻情趣我都同意，但也請男人不要太投入在影片情節中，而對自己的女人要求過多。

你要知道，如果反過來每個女人都要求自己的老公像影片男主角一樣，一來都要一個小時起跳，那真的會出人命的。

最後想跟先生說，我知道一路走來，你可能歷經你的女友變成了老婆，然後陪著她走過懷孕、生產，她身上的母性光輝漸漸多了，看著她在照顧小孩慈祥的模樣，跟責罵自己怎麼都不會協助做家事的兇狠態度時，對她漸漸少了親密愛人的欲望，反而多了像家中老媽子的感覺，這都讓你可能不想碰她或不敢碰她，但這不該是你逃避對方需求的原因。

婚姻關係，不是只有賺錢、小孩、工作、養家，然後就這樣走完一輩子，滿足另一半的需求也是很重要的一環，「性」不也是其中之一？

當老公只忙著賺錢，老婆眼裡只有小孩，
兩人都忽略了彼此的需求跟感受時，
那將會是……最糟糕的婚姻關係！

「動作」都能讓另一半更加「愉悅」，
「過程」也都能讓另一半感受到「你的愛」。

愛，是互相來的

年輕時，我的夜生活非常精彩，只要到了周末，就常跟朋友喝到爛醉才捨得回家，往往一回家就吐的廁所到處都是，但隔天一早，我又會滿血復活乾淨的躺在床上。

因為，我老婆樂兒總是會等我回到家，默默地照顧我，有一次我跟往常一樣喝到三更半夜，隔天她終於忍不住對我說：「老公，你下次可以少喝一點，早點回家嗎？」

我嘴上說好，但三杯黃湯下肚之後，那些承諾又拋在了腦後，結果這一次回家一直到隔天清醒，我非但沒有像往常一樣乾乾淨淨的躺在床上，還全身髒兮兮地睡在浴室裡。

手機一堆未讀的簡訊，都是樂兒傳來的……

稍早一點的內容是，先用大量的三字經問候我，然後表示她要回娘家住，因為她忍得夠久了，既然我都不願改，那就別改了。

再晚一點的內容，雖然口氣依舊冷淡，但她逐漸關心問我：「有沒有安全到家？」、「人在哪了？」

最後一封，語氣呈現緊張擔心，頻頻追問：「老公你到底回家了沒？今天還是喝很多嗎？有吐的全身都是嗎？要不要我回家啊？」

看著鏡子面前的自己，頭髮亂七八糟、全身髒兮兮，馬桶旁也吐的滿地都是，老婆雖然氣到跑回娘家但還擔心著我，當時我問自己：「到底在幹什麼？還玩不夠嗎？」

我打電話給樂兒想跟她道歉，但她都沒有接，我快速洗把臉就準備出門找她，誰知道才一開門，就看到她遠遠騎著摩托車回來，她停好車，手上還拿著我愛喝的雞湯。

她一看到我就說：「髒死了，你沒洗澡想跑去哪？」

我尷尬的說：「想去找你啊。」

然後我就衝過去抱著她，「老婆我錯了，我以後假日都不去喝酒應酬了，要喝就只跟妳在家喝，妳不要走。」

十多年過去了，我依舊保持這份承諾，因為……

「千萬不要忽略女人跟你抱怨的每一句話，因為那句話的背後，是隱藏著好幾次的忍耐，忍久了，有一天會爆炸的。」

Her Story
獵殺大野狼

我把這兩個人當作是我生命中最重要的人，
原來從頭到尾……

二〇二一年十月十三日，我把自己關在房間，寫著人生中最後一篇日記，歷經了男友的背叛，對象還是自己的好姐妹徐凌葳。

看著自己的姐妹，用極盡諷刺的語氣對我說出了這幾年的一切，都是她所設的局時，我徹底崩潰了……

我把這兩個人當作是我生命中最重要的人，原來從頭到尾……

唐小柔寫完最後一個字，便在自己左手腕上，劃上了無情的一刀……

而她的血液，也漸漸沾染上了日記本……

不知道過了多久，她睜開雙眼，發現自己竟然趴在教室的桌子上，環顧四周，下一秒，突然想起什麼似地猛一看左手腕，「奇怪，我手上怎麼沒有傷口？」

她不是明明已經死了嗎？怎麼又回到學校？輕輕滑動了一下手機，隨即螢幕上便清楚顯示，「二〇一六年十二月十六日。」

天啊，她竟然穿越了？剎那間，往事歷歷在目湧入了心中。

一想到過往的淒慘人生，瞬間背脊一涼，「該死！為什麼老天爺要這樣對待我？讓我回到五年前，不是又要讓我再死一次嗎？」……

「小柔，你還好嗎？」這時耳邊傳來了一聲關心的聲音。

這聲音對唐小柔來說，再熟悉不過了。她轉過頭去，冰冷的眼神看向了那對男女，男的外表俊秀，女的一臉柔柔弱弱、人畜無害的樣子，誰能料想得到多年之後，這兩個人，竟是將自己推入地獄的罪魁禍首——顧宇皓跟徐凌葳。

原本唐小柔是超人氣偶像劇《逆襲皇妃》、《黑化小廚娘》的王牌編劇，光這兩部戲就為她帶來好幾億的商機，她跟徐凌葳是從小到大的好姐妹，時常分享男友顧宇皓的事情給她知道，但沒想到兩人私底下早就偷偷在一起。

顧宇皓根本不愛唐小柔，本想跟她分手，但沒想到唐小柔寫的小說卻大紅了起來，顧宇皓的家族事業是娛樂公司，為了就近得到這些劇本的開發權，才勉為其難跟她繼續在一起。

看著眼前關心自己的女孩，但這次唐小柔卻發現，徐凌葳的眼神始終看著身旁的顧宇皓，哪有擔心自己的樣子？

唐小柔捏緊了雙手，「沒想到……我又回來了，既然老天爺給了我再一次機會，這次，我一定要反轉自己的命運。」

「小柔，妳怎麼都不說話？是不是宇皓同學欺負妳？顧宇皓，你對我的小柔做了什麼？快點老實招來。」徐凌葳生氣起來的樣子，還真的煞有其事。

「冤枉啊！我對小柔情比金石堅，怎麼可能會欺負她？」顧宇皓一副情深義重的樣子。

唐小柔心中泛起一股冷笑：「兩位真是好演技，既然這麼愛演，我就陪你演到底。」

夜幕降臨，市區裡華麗的酒店，浴缸上裝滿著水，上面還飄著幾片玫瑰花瓣，一位性感的女子正在裡面泡澡，前方站著一位男子，很自然的脫下身上的衣物，女孩嘴角微微一揚，把手舉向前方，用著一股迷人魔力的聲音說：「過來吧。」

男子看著前方性感的尤物，目光不由熱了幾分，一雙大手劃破了水面，一把就將女子抱了起來，女子凹凸有致的身材一覽無遺，她一雙手勾著男人的脖子，語帶曖昧的說：「這麼猴急。」

雙方激戰的同時，卻沒有注意到房間四周有著一閃一閃的紅點，正在記錄著兩人的一舉一動。

唐小柔在飯店門外，目光淡然的看著手機螢幕，正播放著顧宇皓跟徐凌葳兩人的愛情動作片，她輕輕嘆了口氣，「這披著人皮的狼，當初被你吃乾抹淨利用完就丟，這一世該換我當個獵人，好好來獵殺你了吧。」說完就披上一件紅色斗篷離開了飯店。

回到家中，唐小柔坐在沙發上打開了筆記型電腦，用手點了點學校論壇，看了一下線上好友，一生只有妳（顧宇皓的ID帳號），還有鄰家女孩（徐凌葳的ID帳號），兩人都掛在線上，唐小柔冷笑了一下，一生只有妳？一生只有凌？

顧宇皓啊顧宇皓，你真的好大的狗膽！唐小柔想了一下，直接創了一個新帳號，叫「小紅帽笑笑」，便登入了學校的論壇。

她新增一篇文，標題叫作「校花徐凌葳搶好友的男人」。

但內容卻只有一張黑底照片，其他什麼都沒解釋。

唐小柔發完動態之後，便開始編寫曾經讓自己紅遍全國的小說《逆襲皇妃》……

葉落涵，九王爺最寵愛的小女兒，集美貌、機智、調皮又腹黑於一身，從小就被當今三大派之一——凌霄派掌門人司徒雲兒收作關門弟子，並且交代十八歲之前都要一直裝傻，原本以為師父要自己扮傻裝蠢，就能逃過皇室的內鬥，但沒想到在她天真可愛又老愛扮豬吃老虎的模樣下，反而引來一群美男哥哥環繞在她身邊。

關於這本她修改了無數次的小說，她當然再熟悉不過，沒多久就寫好前幾集，還補足了一些小花絮。

這些小花絮，是當初讀者發現不合理的地方所建議，穿越後的她，反而讓這部作品更加完善，滿意的看著自己的作品，她在作者名上寫下了「小紅帽笑笑」後，便放到了時下最火紅的小說論壇——「讀我」。

正當她專心投入在作品上的同時，殊不知學校論壇早就炸鍋吵翻了，她貼文的標題，吸引了無數人的回覆跟點擊……

伯斯小導演：「不會吧？徐凌葳這麼單純也會被黑？」

鹹酥雞：「樓主說話要有證據啊？我們會長怎麼可能做這種事？」

胡迪：「該不會是徐凌葳捲入唐小柔、顧宇皓的三角關係？」

金山牌醬油：「B3你聽誰說的？我怎麼聽都沒聽過？」

胡迪：「回B4，其實我也是用猜的啦。」

冠瑜最美：「B5，飯可以亂吃話不能亂講，就一個妒忌人的宅女亂發文而已，你當真喔？要不要去檢查一下智商？」

映傑工作室缺人：「樓主發文要有證據吧？這樣亂誣陷一個好人，存什麼心？」

只有標題但沒有任何證據的一篇文，果然略顯空洞，大家根本就不相信，小紅帽笑笑瞬間就被大家罵到臭頭。但也有少數看過徐凌葳跟顧宇皓走得比較近的人，提出自己的想法跟質疑，可是瞬間都被對方的支持者罵了下去，導致那些人再也不敢發言。

俊J：「樓主被噴到不敢出來了。」

G3就是我：「大家來檢舉，請版主刪文好了。」

其實今天的話題如果換作其他人，或許還不會如此一面倒，但徐凌葳是誰？政陽大學校花，系學會會長外加連三年的班級幹部，外表清純、熱心助人，眾多男同學心中的女神，現在竟然有一個不知從哪裡冒出來的新帳號，敢這樣毀謗他們的女神，想當然輿論一面倒向支持徐凌葳。

大約過了半天，唐小柔忙完編寫工作後，看了看論壇，發現這篇只有標題的文章，從一開始的熱絡到後來乏人問津，幾乎都快要被蓋到最底層了。

她笑了笑，隨即把那天偷拍顧宇皓跟徐凌葳手牽手開房間的照片，直接傳到了論壇上去，傳完之後，便拿了一片面膜敷在臉上，靜靜地坐在電腦前面等。

幾分鐘過去，原本已經掉到谷底的文章，突然開始一堆人點擊，文章也從起初寥寥無幾的小貓兩三隻，瞬間衝到了百人、千人、萬人。

加薪剛失戀：「哭飫，這妖豔賤貨，真的勾搭別人的男友啊。」

姜姜薑餅屋：「樓主我錯了，我不該懷疑你的聰明才智。」

帥是一輩子卻跟了我一輩子：「這一樓太精采了，這徐凌葳號稱是唐小柔好姐妹，卻搶了人家男友。」

這篇貼文瞬間就登上了學校熱門，而且清一色都是在罵徐凌葳跟顧宇皓，唐小柔此番操作果然引蛇出洞，此刻，熟悉的ID帳號突然出現在唐小柔眼前。

鄰家女孩：「現在手機隨便就能合成照片，這張照片距離又遠也不清楚，我們不該單憑一張照片就這樣誣陷他人，看看現在假新聞逼死多少人？同學要保持理智，不要隨波逐流，等一下如果害兩位同學走上絕路，別忘了，凡走過必留下痕跡，我們的對話紀錄可是都有備份的。」

不得不說徐凌葳這一招真是高啊，一邊澄清自己是被陷害，一邊暗示如果繼續討論下去害了當事者，大家一個個都是幫兇，到時候很有可能被警方約談。果然此話一說，風向又開始轉……

善良可以戰勝一切：「我同意鄰家女孩說法，現在假消息這麼多，不排除是合成圖。」

碧玲吃好飽：「對！我們都不是當事者，不該預設立場。」

鄰家女孩：「想想林與函、宋心儀，不就是被網路酸民害到自殺，這教訓我們還沒學夠嗎？希望大家不要輕信謠言啊！」

唐小柔挑著眉朝螢幕看了一眼，緩緩將面膜拿下。

「呵，徐凌葳，照片可以合成，那影像呢？」

此時電腦螢幕顯示著：「上傳成功是否同意發布？」

她不疾不徐地按下「同意」。

一分鐘後……

「哇操！這影片很可以！還是高清晰版！這小紅帽笑笑到底是誰？太屌了。」

ID：我是達浪馬上秒回貼文。

影片清楚看到，徐凌葳在房間對顧宇皓的各種挑逗，白天的清純少女，到了晚上卻是蕩婦淫娃，這些動作可是無法用合成來作假啊。

影片剛放上去不到一分鐘，系統管理員瞬間秒刪影片，雖然還沒看到重頭戲，但剛剛那短短幾秒鐘，孤男寡女共處一室，加上女主角的動作無比曖昧，實在讓人無法不聯想後續的各種發展。

唐小柔喝了一口水，繼續回著鄰家女孩：「回鄰家女孩，我有照片有影像，是真是假我相信觀眾心裡自有評論。顧宇皓是唐小柔的男友學校有誰不知？徐凌葳身為唐小柔的閨密，竟然跟她閨密的男友一起開房間，不要跟我說影片那些動作都是不小心的！」

口罩男：「我支持樓主說法，明知道對方是好友的男友，還不懂避嫌，算什麼好友？」

曾樂兒：「對啊，世界上這麼多男人不愛，偏偏去搶自己好友的男友，超扯！」

眼看連學校兩位風雲人物——口罩男跟曾樂兒都出來支持小紅帽笑笑，整個風向又回到小紅帽笑笑那邊，鄰家女孩也不方便再多說什麼，怕再解釋下去，會被猜中自己的身分其實就是徐凌葳。

唐小柔挑著眉頭朝螢幕看了一眼，興奮地大叫，「沒想到未來的網紅夫妻檔口罩男跟曾樂兒都出來挺我，這倒是出乎我意料之外，徐凌葳、顧宇皓，你們可要繼續撐著點，小紅帽獵殺大野狼的遊戲才正要開始呢！」

突然宿舍的房門被瘋狂敲打，「叩叩！叩叩！唐小柔你給我開門！」

唐小柔眉頭微挑，「我都還沒找他，大野狼就先找上門了？」

一打開房門就看到顧宇皓滿臉憤怒的大罵說，「唐小柔，我沒想到妳心機這麼重，派人跟蹤我？還在網路上散播我們之間的私事，來傷害我跟凌葳。」

唐小柔眸子滿是厭惡之色，「這傢伙作賊喊抓賊？」

她情緒一轉開始激動地說，「宇皓，我沒有……我沒有……我也是剛剛才知道這件事，我怎麼可能做任何傷害你跟凌葳的事情呢？我才想要問你，剛剛那影片是怎麼回事？你跟凌葳真的在一起了嗎？」

唐小柔一臉慘白，邊說還邊全身顫抖著，看來這屆金馬獎影后非她莫屬了。

顧宇皓一臉冷笑的說，「唐小柔，原本想畢業前才跟妳說，但妳都知道了，我就老實告訴妳，我對妳早就沒有感情了，我喜歡的是凌葳，要不是妳一直死纏爛打，我跟她早就在一起了。一段感情裡面不被愛的才是第三者，妳到現在還沒發現嗎？妳才是我跟凌葳的第三者！」

唐小柔面色突然一空，滿臉痛苦的哭喊，「你說我才是第三者……」

她邊流眼淚邊慘笑的說，「呵……顧宇皓，我們從高中就認識，你當時說會疼我、照顧我、不會讓我流淚，還說好等大學畢業就會娶我，現在你卻說……說我才是第三者？」

唐小柔最後那三個字，還是咬破嘴唇、雙目通紅的說出來，這小妮子實在太會演了，整個入戲入慘了。

無奈雖然唐小柔楚楚動人，但不愛的男人比誰都無情，顧宇皓一臉無動於衷，「反正我跟妳已經沒關係了，誰想傷害我的凌葳，就是與我為敵！」顧宇皓說完，連看都不看唐小柔一眼就走了。

看著顧宇皓離去的背影，唐小柔捏了捏眉心擦乾了眼淚，雖然剛剛的難過是演出來的，但會這麼逼真其實也是穿越前的她，實在被這兩個人傷害得太深了，所以剛剛的難過也夾帶著各種悔恨跟不甘心。

回到房間躺在床上的唐小柔，正思索著接下來的計畫，突然手機響了起來，是簡訊通知，她看了一眼，露出了一股暖心的微笑，是慕恒哥……

夏慕恒，他是唐小柔沒有血緣的哥哥，這位哥哥其實很照顧她，但唐小柔因為母親改嫁的原因，覺得母親背叛了父親，自始至終都很討厭哥哥這一家人，但畢業以後，因為顧宇皓的公司跟哥哥合作，所以在他的命令下，勉為其難將《逆襲皇妃》讓哥哥拍攝，殊不知哥哥是真的有才華，一拍就讓此劇紅遍全亞洲。

簡訊上寫著：「小柔，顧宇皓跟徐凌葳兩人真的太過分了，妳還好嗎？哥很擔心妳啊。」

唐小柔看了一眼，馬上用手機回覆說，「哥，我沒事，總算看清楚一些人的真實樣貌，對了，你明天有空嗎？可以陪我出去走走嗎？我有些事情想跟你討論。」

訊息發出之後，另一邊的夏慕恒，心情就像冰冷的冬天轉換到了春暖花開的夏天一樣，「我妹竟然主動約我出去？天啊！太開心了。」

沒錯，你沒看錯，這夏慕恒就是個標準寵妹狂人。

甚至在多年之後，這位揚名世界的導演，有一次在記者會上被一個知名女明星告白，但這二愣子，竟然直接在眾人面前回她說，「在我妹妹還沒幸福之前，我一輩子都要保護好她。」

瞬間記者會就像炸了鍋一樣，雖然夏慕恒這白目舉動惹怒了女明星的鐵粉，不過也吸引了另一批女粉絲的關注，反而讓他的聲量又再次達到一個高峰，但這些都是多年之後的事情了。

「有……哥有空……只要妳約，哥都有空。」夏慕恒無比激動，連字都打得斷斷續續。

唐小柔看到這些疊字，馬上聯想到穿越前那位，單純憨厚總是被自己罵走，待在身旁講話還會結結巴巴的哥哥，不自覺會心一笑，「唉，前世也只有哥哥對自己是真心的。」

隔天唐小柔就一反常態，不再討厭自己的哥哥，反而像感情深厚的一家人一樣，這天兩人聊了很多，彷彿重新認識彼此，也相約一個寫劇本一個拍電影，兩人充滿著抱負跟理想。

他們還不知道，今天兩人的見面跟約定，竟然會影響到接下來整整十年全國的影視產業。

未完待續……

Chapter 02

逆來順受灰姑娘

以為嫁到幸福好人家，

沒想到天天伺候公婆與大小姑，

生病還被當顧床不做事。

灰姑娘委曲求全，

等著穿上玻璃鞋找回幸福好日子，

誰知道……

不要傻傻以為忍耐可以改變一切

口罩男：

我跟公婆、大小姑同住，我一個禮拜要打掃三天，大小姑只要顧好自己跟小孩就好，我除了打掃還要煮午、晚兩餐，一個月老公給我不到一萬塊的生活費，這些還要扣掉我的勞健保、保險、定存、電話費等。前陣子我生病臥病在床，上吐下瀉吃什麼吐什麼，沒有體力做家事，但全家人都認為我在裝病，還被公公在房門外罵說：「娶媳婦是娶高興的嗎？不來顧家是來顧那張床嗎？不做家事就快點離婚算了！不要以為妳不說話就沒事，妳如果還繼續躺在那房間，我一定會闖進房間把妳拉出來。」

我跟老公說我委屈，老公只回我說：「長輩還在，忍著點。」我難過的哭了，我是真的生病，人非常不舒服。沒生病前，我也是每天都有工作，生病後沒做幾天就被罵成這樣，想搬出去住，老公卻無奈的說：「爸爸是不可能讓我們搬出去的，而且媽媽也是這樣過來。」還說媽媽做的比我多……

By 委屈吞肚內的小媳婦

「妳公公會這麼不尊重妳，是妳老公放任出來的。」

他如果在妳公公大罵的時候，敢勇於站出來說：「我的女人確確實實就是生病了，需要休息，你們到底是在不滿什麼？嫌家裡髒，你們是沒手沒腳不能打掃嗎？沒東西吃，不會自己去買來吃嗎？怎麼，我娶個老婆回來，大家都殘廢了是嗎？」

該解釋的時候站出來解釋，該捍衛權益的時候不要只是悶不吭聲，只要做到公私分明、能辨是非，這樣就算妳公公真的再不爽妳，也會不看僧面看佛面，難道他就不會給妳老公一點面子，敢這樣糟蹋妳？

什麼都要老婆忍，我就問一句：「如果今天是你丈母娘這樣嗆你，你忍得下去？你老早就翻桌走人了啦。」可是為什麼只要問題發生在自己老婆身上，就可以理所當然地要老婆承擔這一切？

「什麼我爸媽再活也沒幾年了，妳不能忍一下嗎？」你先當著你父母面前這樣跟他說說看，我再考慮考慮，可以搞清楚一下嗎，棺材裝的是死人不是老人。

「不然就是什麼，我爸媽從小養育我真的很辛苦，妳就不能讓一下嗎？」所以老婆都沒爹沒娘沒人養？這是什麼神邏輯！

拜託，結婚又不是來吃苦、修行、做功德。

要老婆可以不要計較、包容跟體貼的前提是，要讓人先有「被愛的感覺」，老公因為愛我、疼我、甚至可能每個月都給我好多好多的錢，我當然可以因為內外在確實感受到滿滿的愛，愛屋及烏的好好對待你家人，但如果什麼都沒有，還只會把我的付出當應該，甚至全家人都把我當成女傭一樣看待，不跟你好好討價還價講道理，才奇怪吧？

「公公如果真的愛兒子就不該罵媳婦。」

媳婦哪裡不好、看不慣，也是兒子的事，他自己會教，教不好，也是他自己要概括承受，何況嫌人家女兒不好之前，你兒子又有多優秀？人家小兩口這一輩子，就是會有各式各樣你看不慣的相處模式，難道你還想管一輩子嗎？

看不慣就開罵，還罵得這麼沒道理跟難聽，除了讓你兒子難為之外，也讓你在媳婦面前的地位直接降到了谷底，要人家尊重你之前，要先學會自重，如果只會倚老賣老、用輩分來壓人，那要年輕人怎麼信服？

像我媽就聰明得很，她每次來我家只罵我不罵我老婆，還常常反過來跟著我老婆一起說我壞話，因為她知道「讓我免去沒必要的婆媳問題，就是疼兒子的表現」，還能得到媳婦的心，我老婆對我媽的貼心，都快比對我岳母還好。

何況做兒子的，真的會因為媽媽跟老婆聯合起來欺負自己就生氣嗎？當然不會，我寧願我媽罵我，也不要她去念我老婆。

我媽念我，我只要被一個女人煩，
我老婆被念，我要被兩個女人煩。

再說，兒子跟養育自己的父母，哪有什麼隔夜仇？但媳婦從小到大又沒欠我們家什麼，來我們家要做牛做馬就算了，還要三不五時被雞蛋裡挑骨頭，老實說，再好的感情、再想尊重公婆的那一顆心，總有一天也會被罵光。

「女人忍無可忍，無須再忍。」

我有個朋友，她起初也跟妳一樣，為了婆家做牛做馬、犧牲自己，有一次我朋友的小孩想吃雞蛋，可是老公沒給她錢，她就只好跟婆婆借，但就只是買幾顆蛋的錢能多貴，結果婆婆不但不給，還罵她說：「只會花家裡錢，還會幹嘛？」

後來，我朋友決定靠自己，她撿資源回收，也去人家家裡當清潔工，工作到腰痠背痛，但因為認真努力、打掃確實，業主們互相分享，讓她生意越來越好，後來她索性找了幾個朋友一起合作接案。

雖然婆婆還是一樣機車，但她有了收入多了底氣，學會了不再忍氣吞聲，該做的事情她並不會擺爛不做，但不該是她做的，她也不會再白白去花力氣。

人要有一個原則：你敬我一尺，我敬你一丈。

人不犯我，我不犯人；

人若犯我，禮讓三分；

人再犯我，斬草除根。

還有，千萬不要傻傻以為忍耐可以改變生活，最後你會發現，忍耐只會毀掉你的生活。

女人要有底氣，
才不會一肚子氣。

感激變成習慣，習慣又變成理所當然

有一天，跟同事去了桃園談事情，路上閒聊時，我半開玩笑問，「新婚生活還順利嗎？」

同事苦笑，「我覺得差不多，但我老婆很不習慣。」

我看向駕駛座，饒有興趣的問，「要不要說來聽聽？」

「還不就是為了那些生活中小事，在跟我媽鬧得不愉快，像上次拜拜也是，因為我們家比較傳統，每次都要煮很多菜，還要燒一大堆金紙那種，本來以前都是我媽在弄……」

我笑著說，「現在都變成你老婆弄？」

「嗯……還有我妹跟老公都固定星期六會回家吃飯，本來是我媽會準備……」

「又變成你老婆在準備？」

「我媽也有跟著弄啦，只是我老婆就抱怨吃完都沒人收，很累。」

「你不幫忙備料煮飯，吃完也該幫忙收拾吧？」

「我本來是要啊，結果我媽叫我去客廳陪我妹聊天。」

「那後來呢？」

「我老婆晚上睡覺就跟我講，我隔天就跟我媽表示，下次不要煮這麼多，我老婆會累，結果我媽就生氣，說媳婦哪一個不用進廚房？而且也沒有要她天天煮，做點小事也要跟自己老公投訴，還說媽都活到這年紀了，家裡什麼事都要她弄，是要累死她嗎？」

我笑著說，「你這是提油救火，你媽煮了一輩子的飯，也沒聽你說過一句心疼的話，你老婆才來多久，你就捨不得她煮，你媽當然火啊。」

「啊不然要怎麼講？我也很煩啊！」

「你應該說，是自己想吃外食，或是心疼媽每次都煮飯這麼累，大家一起上餐館享受一下。我想寶貝兒子都這麼說了，媽媽會不讓你吃？都出去外面吃了，老婆還用得著煮得這麼累？」

關於婆媳問題——

有討人厭的媳婦，是因為有位不會說話的老公；

有愛刁難的婆婆，是因為有個不愛做事的兒子。

第一、不要兩邊亂傳話

婆媳畢竟剛住在同一個屋簷下，還沒有深厚的感情基礎，只要牽扯到自身習慣或利益問題，都很容易被放大解讀，如果這時又被你在耳邊搧風點火，一下跟老婆說，我媽說妳很懶惰、不整理房間、還睡很晚；一下跟老媽說，我老婆說妳是傳統女人，煮飯又鹹又油還有潔癖，那兩人不吵才奇怪。

第二、說好話、做好事、存好意

多提醒老婆在婆婆面前稱讚她，把可以邀功、送禮、表現的機會讓給老婆，就算是你做的，也要替老婆存一份心意在裡面，讓長輩以為是你們兩個人的意思。至於不好的事，你要挺身承擔，不用覺得委屈，父母跟自己哪有什麼隔夜仇，你就算被扣到零分，媽還是愛你，但老婆是一個缺點就被扣十分，一件不好的事，就被記一世人。

第三、父母的要求兒子帶頭做

為何婆婆老是使喚媳婦？還不是捨不得兒子做，不然就是叫不動兒子，當然只能找這個家最菜的你老婆。但如果今天兒子願意挺身而出，舉凡對父母的要求、孝順都能帶頭做，而不是外包給太太獨自一人承受，當再苦反正老公也跟著苦的時候，老婆還會這麼不滿？兒子都跟著做了，老媽會一直刁難？老婆的不滿往往是：「憑什麼明明是你們全家人的事，卻要我一個人來做？」

第四、保留家人的習慣，尊重老婆的想法

父母在家生活了一輩子，你要他們配合年輕人的作風？難，既然沒有能力搬出去，寄人籬下就巴結一點，父母不好的慢慢改，無傷大雅的，就讓老人家留著吧。但反過來，要老婆迎合你們全家？她長久的習慣能說改就改？每個月來個十幾、二十萬花花或許有機會，不然也是難。既然雙方都難，尊重、自重很重要，不干涉、不批評、不強迫。

第五、老公態度很重要，先軟後硬要堅持

可別想歪了，記得有次我媽跟樂兒為了小孩生病的事鬧得不愉快，我一聽知道是母親錯了，於是……先軟，我先跟母親道謝，感謝她的關心；後硬，舉出一些醫學報導來證明，小朋友不適合吃這些，之後就是該堅持不退讓，這跟對方的身分、輩分或年紀都無關。反之老婆錯了，也是同樣方式對待。

一位是陪伴自己前半生的女人，另一位是後半生的愛人，手心手背都是肉，小朋友才做選擇，老公態度拿出來，兼顧兩位的面子跟裡子，自然不用選邊站。

很多女人，婚後都有個同樣問題，就是——不快樂。

不快樂的原因，大都是心寒造成，而心寒的主因，大都來自於老公的「冷漠」。

當你要她體恤你的辛苦、父母的年邁、工作的壓力，她義無反顧的把照顧孩子的事包了、把家事也包了、在家照顧父母也做了，做了這麼多吃力不討好的事情，卻換不到心愛男人的感激或心疼，怎麼反而還多了生活上平白無故、莫名其妙的責備。

「孩子怎麼照顧的，可以照顧到生病？」

「這家妳有整理嗎？怎麼還是這麼亂？」

「不要一直跟長輩頂嘴，退讓一點不行嗎？」

當一個男人對女人的態度，從原本的感激變成習慣，習慣又變成理所當然，理所當然演變成冷漠對待時……

哪個女人不心寒？

哪個女人快樂得起來？

女人的不愛，永遠不是突然的，而是長期累積出來的心寒所導致。

遇到婚姻關係的問題時，沒有什麼最好的辦法，因為所有辦法都是建立在雙方的協調跟退讓之中，爭取出兩個人最佳的平衡。假設做不到，反而還讓某一方受盡委屈，那愛著你這件事，不就變成了很倒楣嗎？

不要讓你的另一半覺得：

結婚之前，愛你是幸福；

結婚之後，愛你是倒楣。

女人的不愛，
永遠不是突然的，
而是長期累積出來的心寒所導致。

沒本事的男人，往往不懂尊重兩個字

前陣子跟老婆參加了一位好友的婚禮，因為塞車晚到位置接近滿座，只能被安排跟一群不認識的人坐在同一桌，同桌上有位大哥帶著老婆跟看起來大約兩歲多的小孩，很熱情地招呼著每一個人，雖然不認識，但感覺應該是個熱心腸的好好先生。

但讓我傻眼的是，這位大哥從頭到尾都在提他的事業多有成就、人脈有多廣，酒酣耳熱之後，還到處炫耀認識什麼議員、立委，反觀他老婆，從第一道菜上桌到桌上已滿滿菜色時，碗還是乾淨的，因為他的小孩似乎被現場人聲鼎沸的聲音嚇到，一直在哭，這位媽媽一下從包包拿出熱水瓶、奶粉跟奶瓶出來泡奶，一下又抱著小孩餵奶，還要拿玩具出來哄他。

但她老公卻完全沒有要幫忙的意思，還在旁邊不耐煩地說：「妳是不會先抱出去哄嗎？一直哭很吵耶。」

媽媽表情非常無奈的起身之後，讓我驚訝的是，她竟然身懷六甲！

我實在看不下去，就跟那位大哥說：「大哥，大嫂懷孕還是不要久站吧，加上又抱著小孩實在太辛苦了啦，這抱小孩的苦力活，還是讓我們男人來幹吧。」

但大哥似乎聽不出我的意思，還驕傲地說：「不用擔心啦，我老婆力氣很大啦，你看她這麼大隻『漢草這麼好』，而且她的工作就是顧小孩啊，家庭主婦不顧小孩，那我娶她幹嘛？哈哈哈。」說完又將桌上的杯子拿起來，邀請大家一起喝。

我聽完皺了皺眉頭，應該沒人喜歡自己的老公在外人面前，形容自己大隻跟漢草好嗎？我用手頂了一下坐在我旁邊的老婆，眼神示意希望她跟著那位媽媽出去，我老婆馬上很有默契地說：「老公，我先去上個廁所，有好吃的菜要幫我多夾一點在碗裡跟盤子，我回來要裝滿滿喔。」

我笑著說：「好啦，妳快去。」我老婆說完便往門外走去。

大哥看到我老婆離開，還開玩笑的說：「小老弟，你老婆漂亮又會打扮，應該很年輕喔，跟我那個妝也化不好、衣服也不會穿、身材還這麼大隻的老婆比起來，真的差太多了。」

我敷衍著笑了笑，邊夾著菜到老婆碗裡，邊看著手上這位大哥給的名片，滿滿主管的頭銜，但只要想到他對老婆的態度，說實在的，我不相信他有多成功，就算旁人覺得他做人成功事業有成，但如果連最基本的尊重老婆都不懂，甚至還在外人面前習慣貶低與嘲笑自己的老婆，那根本就不懂怎麼「做人」。

真正有本事的男人都深知「尊重」他人的重要性，因為就是善於利用這兩個字，也才會讓他們有今天的成功。

即便多少因為在外的成就或身分地位，導致他們在家可能有點大男人，但在尊重太太這件事上，他們始終不忘。因為他們能有今天的功成名就，是因為背後一直有個默默支持自己、打理好家裡一切的太太。

不要老覺得自己的事情就是頭等重要、賺錢的大事、一刻都不能耽誤，你事業沒有做這麼大，也沒有每件事都這麼緊急，更不要只要提到老婆、小孩，就認定是無聊、沒意義、又再找麻煩的事情，我不相信你在追老婆的時候，是這個鳥樣子。

覺得老婆煩？老婆不體貼？埋怨老婆永遠不懂自己的苦？她當然知道你累，也知道你辛苦，她為了愛你咬緊牙根苦撐，只希望換來你能將心比心，別總是以為這一切都是理所當然。

你有沒有想過，有乾淨的衣服穿，是哪來的？

一回到家，就有吃有喝，又是哪來的？

剛出生的小孩，難道會自己泡奶、換尿布、自己洗澡嗎？

你心情不好看誰不爽，門一甩電話打了，兄弟朋友統統到，滿腹委屈跟壓力統統在大家的安慰跟菸酒的催化下，煙消雲散，但你老婆呢？

你不分擔家務、回家就想當老爺、不管孩子的生活、不想聽她說心裡話、不讓她有交友空間、時不時嫌人家又胖又醜。請問她的壓力跟無奈怎麼辦？

一個男人成不成功，看他老婆就知道，能在婚後多年，還把老婆照顧打理得好好的，甚至從外表到內在還勝過婚前的男人，基本上，就不會太失敗。

但能把一位原本氣質出眾、溫柔婉約的女人，在婚後變成每天都怒氣沖沖、陰晴不定的母夜叉，你就知道，這個男人當得有多失敗。

我很多以前的朋友，現在見面聚餐時常會誇獎我說：「兄弟，你真的厲害，現在無人不知無人不曉，真心佩服。」

但我都笑笑把手比向我老婆說：「最大功臣是那位小姐。」我從來不覺得自己有多厲害，因為沒有我老婆在後面的全力支援，讓我可以無後顧之憂地往前衝，老實說，我就什麼都不是。

所以，當我有多餘的能力，甚至跑在比較前面的時候，我不會去嫌棄我的隊友怎麼老是跟不上，也不會抱怨我的隊友為何要拖累我，更不會去計較我的隊友，怎麼可以共享我的資源，因為沒有她一開始的全力支援跟犧牲，根本不會有現在的我。

我要做的很簡單，要嘛就是拉著她一起走，不然就是停下來，等等她。不要自己走快了，就想把人家丟下或是嫌棄對方。

大多數男人都既矛盾又貪心，一邊希望自己的老婆能把家裡打點好、把小孩照顧好、把公婆按捺好，一邊又希望她們漂亮，還要有能力、有工作、有收入。但我問你們一句話：「你們又願意拿出多少時間或金錢，協助或支援一下為了你犧牲這麼多的太太？」

無後援情況之下，要你全職二十四小時照顧小孩，還要完成以上那些事情，你能辦得到嗎？我先說，我辦不到。

婚姻關係，並不是只有互相利用、合作，等到對方沒利用價值、跟不上自己，甚至幫助不了自己時，就想拋棄對方嫌棄人家。真正的伴侶關係是：「不管我走到了多前面、站到了多高的地方，站在我旁邊的只會是我的老婆。」我所有的榮耀跟成就，都來自於她背後的犧牲和付出，如果沒有她當初一肩將我背上的重擔扛起，拍著我肩膀說「老公，你先往前衝，後面有我在」，我們能跑得這麼快？跑得這麼輕鬆？

我們或許連跑……都跑不動。

不管走到了多前面、站到了多高，
站在我旁邊的
只會是我的另一半。

婚前腦子進的水，就是你婚後流的淚

口罩男：

我跟我男朋友準備要結婚了，最近都在忙籌備婚禮的事情，但男朋友讓我感覺到不被重視，我有請他先跟家人討論，然後看結果是什麼跟我說，但都沒有後續，連我提到要準備印喜帖等事項時，他都沒有反應，我都開始懷疑他是否真的想跟我結婚，還是只是想找一個人，去他家打掃、照顧他家人。

我真的好納悶，他每次都跟我說有在處理，但只是沒處理好；不然就是不跟我討論，只聽其他人的意見，想跟他好好討論的時候，他都在跟朋友喝酒，沒有一天不喝，你覺得我們的婚禮要延後嗎？我真的覺得很累，結婚的事情讓我有點看不到未來的感覺。

By 懷疑婚姻意義的女人

關於婚禮要不要延後，這沒有人可以給妳正確解答，旁人的意見只是參考，最後決定權還是在妳，但我有幾點可以讓妳反思一下。

一、觀察兩人價值觀的差異

當妳把重點放在要不要延後婚期的時候，我建議妳不如趁這個機會，多觀察一下妳的男友跟其家人，因為在婚禮籌備的過程中，會有很多平時妳看不到的面向跑出來。

舉個例子好了：「像是男方如果希望一切從簡，希望花越少的錢來辦婚禮，但女方可能覺得，婚禮一生只有一次，怎麼可以如此隨便，這時候的矛盾就能直接反應出你們雙方價值觀的不同。

妳要知道，價值觀的差異，大都是日後夫妻吵架的主因之一。

若反過來說，男方家可能是大家族，所以在籌備婚禮的過程中，家長往往會要求需按照古禮一樣都不能少，反觀小兩口的一些新創想法，或是女方家長的意見都不太採納，甚至老公還不敢多說什麼，那就可以看得出，妳以後嫁到這個家時，可能要獨自一個人應對進退這些東西，甚至跟公婆在生活上的相處，就會辛苦許多，沒有話語權的老公，可能也無法幫妳什麼。

二、男友不參與婚禮籌備

要知道，婚姻關係能幸福，在於彼此能協調溝通，而溝通的前提是什麼，就是「參與並且得到共識」，如果每次遇到問題，另一半總是不願參與甚至逃避，那後果會是什麼？

萬一遇到婆媳問題，老公可能會說：「她是我媽，妳就不能忍一忍嗎？」（逃避問題）

遇到妳懷孕的不適、照顧小孩的壓力，老公可能又會說：「每個女人都是這樣走過來，有什麼好抱怨的？」（拒絕溝通）

最終痛苦的是誰？

還不是只能妳自己買單。

三、角色心態的轉變

很多男生可能覺得，婚禮籌備為什麼要遇到這麼多問題？甚至很多問題都是女生的堅持所造成。

其實男女都可以換個角度想，就是它在一步步地告訴我們說，我們的身分即將不同，我們要結婚了，不能再像單身的時候，想幹嘛就幹嘛，我們還必須考慮到另外一半的意見跟想法，甚至有些事情你就是不喜歡也不想做，但雙方都願意為了另一半而有所「退讓跟妥協」，這才是愛，這才是正確的婚姻關係。

這裡我也想提醒即將要走入婚姻的男女與雙方家長，在洽談婚事的過程中，請都別忘了「尊重」跟「自重」這兩件事。

男方或許從交往到結婚，也沒見過未來岳父、岳母幾次，甚至連你們雙方的父母都是第一次見面，結果雙方一見面，你們卻一副什麼都不願付出，一切都只想從簡便宜行事的態度，但嘴上又說著有多愛他們的女兒，有多重視這門婚事，請問對方的父母會怎麼想？你們有尊重過女方的家長跟未來的媳婦嗎？

女方也一樣，從談戀愛到答應求婚，對未來的公公跟婆婆，或許平時也沒登門拜訪過幾次，雙方家長更是在完全不熟識的狀態下見面，結果一見面，你們把場子搞得好像要賣女兒一樣似的，坐地起價，獅子大開口，要錢又要樓，那貪婪的嘴臉表露無遺，你們都不尊重自己了，還要人家怎麼尊重你們？

婚姻是一件大事，如果雙方家長做不到彼此的尊重跟自重，那這門婚事就先緩一緩吧，為了結婚而結婚，通常都是後悔收場。

你們要知道——

婚禮籌備的態度，可以看得出伴侶以後對你的態度。

有些事情可以少做，但總不能什麼都不做吧？

婚前就對妳懶，婚後也別渴望他會有多勤勞？

婚前就對妳小氣，婚後又能對妳多大方？

婚前就對妳家人不客氣，婚後也不會有禮貌到哪裡去！

對於那種什麼都不想準備，什麼都不想花費，只想把一個從小到大父母當成心肝寶貝在疼的女人，帶到一個陌生的家中當成免費女傭，生一個跟他姓、孝順他父母、伺候著他的男人，如果妳明知道對方早就是這樣，妳都還要為了結婚而結婚，那我只能說：「婚前腦子進的水，就是妳婚後流的淚。」

老婆婚後成了什麼樣，有一半是老公所成就

當婚姻關係遇到各種問題、挫折甚至難題時，你們是一起共同面對、承擔、解決，還是老是逃避似的重複那一句：

「妳就不能替我多想一點嗎？」

「她是我媽，妳就不能替我多想一點嗎？」

「工作很辛苦，妳就不能替我多想一點嗎？」

「小孩真的很吵很煩，妳就不能替我多想一點嗎？」

「我是男人我有需求，妳就不能替我多想一點嗎？」

兄弟，當你什麼都要老婆替你想的同時，你是否也有給予你的另一

半，更多的陪伴、在乎或心疼？

人是互相的，要人為你著想、為你犧牲，你勢必也要拿出相對的代價來償還。這很公平不是嗎？

我不是活在童話故事裡的主角，我跟大家一樣，有房貸、車貸，五味雜陳的生活、撫養小孩的壓力。我必須承認，為了解決這些問題，的確讓我在婚姻關係中的相處、磨合之中，委屈了老婆，也讓她為了我，退讓跟犧牲了許多，所以我疼她、愛她、尊重她，我甚至十件事情有九件讓著她都沒關係！

人不要得了便宜還賣乖，不把人當人看，一副理所當然、姿態高高在上，妳是女人做人媳婦當我老婆，就理當如此這樣付出的模樣未免太醜陋了點。

回頭好好看看你的女人吧，她的委屈早已讓自己活得面目全非，怪女人現實之前，怎麼不想想，是誰讓她不得不現實的？

她不現實，就得累死。老婆到了你家，有些事情，她多做了，並不是義務也不是應該，只是因為愛你，同樣也願意愛屋及烏的愛著你家人。

男生結婚，一樣能在家當大少爺；
女生結婚，就該在別人家當女傭。

這算哪門子道理？不然每週輪流來娘家照顧老婆的全家人，哪個老公肯呢？不要占了便宜還賣乖，給你方便當隨便，讓你全家人輕鬆就當放鬆！怎麼，還是娶了老婆媳婦一進門，全家人都殘了是嗎？

懂女人的人都知道，「女人往往愛得痴情且絕情，女人對感情的態度其實很……狠。」所以如果你不懂得去珍惜女人對你的愛，當她對你徹底死心時，就別怪她為何可以這麼坦然的收回一切。

剛看到一位讀者寫信來說，她老公每天下班回家就是拿著手機玩電動。她其實也沒有不讓他打，只是希望不要玩得這麼誇張，玩到什麼事情都不做，應該說「無法做」，因為他不能斷線也不能離線，不然就會被扣分或是被隊友罵。

她甚至有一種感覺是，老公回到家彷彿就只是為了吃飯、打電動跟睡覺，難道抽點時間陪我跟小孩一下有這麼難嗎？

但她老公卻說：「不是天天都待在房間陪了？到底要陪什麼啦？」她覺得很無言。

有些人我就覺得特別奇怪，工作再累，也會想辦法每天上線跟網友聊聊天、組隊、打招呼，那個口氣跟態度，熱情親切到你都會懷疑：「這個人真的是我老公嗎？」

當有哪個網友心情不好，還會貼心的安慰跟協助，真的有夠溫暖跟講義氣的，但這種大家眼中的好好先生，在家連跟老婆說一句話，他可能都會覺得厭煩。

只要老婆多說個幾句或希望什麼，就是在找麻煩，一句：「我都工作這麼辛苦了，回到家還不能休息嗎？」

可以，當然可以休息。但休息不是讓你擺爛，休息不是放縱。何況你想休息，你老婆難道就不想嗎？但她有時間休息嗎？從小孩出生之後，你給她多少次休息的機會？

你這麼愛打電動，你當初就不該結婚，不要跟我說什麼，真正的婚姻本來就要能保持原本的興趣或生活，我跟你說，「你那種婚姻是因為另一半過度犧牲的狀況所產生的結果，算哪門子的婚姻？」

真正的婚姻是：

你這個家，每天都會發生你不想做跟有點討厭的事情，你會煩、會累、會想逃，但無奈的笑了一笑之後，你還是會停下腳步的站在另一半身邊，陪她一起面對跟解決，這才叫婚姻，這也才叫——生活。

只有體驗彼此角色的艱辛，才能體諒對方的辛酸

今天外出工作，路上隨手攔了一台計程車，一上車司機看了看我，我看了看他，他似乎忍不住對我說：「年輕人，你的口罩還真特別。」

「哈哈，對啊，我比較騷包啦，喜歡戴不同顏色的口罩。」我說。

「你看起來很年輕，結婚了嗎？」

「結婚了，還有兩個小孩。」

「喔，看得出你很幸福喔。」大哥從後照鏡看了一下我。

「哈哈，幸福看臉就知道喔！」

「我看人很準的，像我就一臉不幸福。」

「大哥你愛說笑，我看你也很幸福啊。」

「其實我也有一個小孩，但我老婆自從小孩出生之後，常常為了小孩的事跟我吵，吵到我乾脆眼不見為淨，在外面跑車還比較開心。」

「大哥，你們都吵些什麼？」

「還不是錢，我跟她說，我專心工作多賺一點，她負責家裡跟小孩，一人一樣很公平，可她就不爽，說什麼照顧小孩很累也想出去工作，但問題是她又賺不多，請保母根本就不夠，她就聽無有夠番的（台語）。」

「嗯，大哥，嫂子想出去工作，你就讓她去，這對你來說其實好處多於壞處呢！」

「喔，怎麼說？」

於是我抽絲剝繭一一解釋：

第一、經濟重擔都在男人身上，壓力一定很大。

第二、對方沒賺錢，就不知道賺錢的辛苦，讓她出去吃點苦，才會懂你的委屈。

第三、雖然目前賺的都丟給了保母，但請保母也不是一輩子的事，趁年輕早點出去工作，總比之後找不到工作好吧！

「少年欸，還很會辯喔！」大哥用著俐落的台語說著。

「大哥，你是不是有在嫂子面前說過：『我每天賺錢這麼辛苦，你還要我顧小孩，是要累死我喔？』」

「哈哈，少年欸，你是會通靈喔！」

「大哥天天跑車，待在這麼小的空間，精神、體力一定消耗很大，但大哥辛苦，嫂子其實也不輕鬆。」我解釋著。

「她每天在家能多累？」

「嫂子有在煮飯、做家事嗎？」

「有啊，她哪敢不做，會被我罵。」大哥肯定地說。

於是我再進入口罩模式，娓娓道來：

那你想想，嫂子為了煮飯給你吃，每天小孩背了就去市場買菜，市場多走了幾圈，就為了省個十元、八元的，要是不小心買貴了，可能還會生氣懊悔一整天。

回家，大哥不做、不想做的事情，鐵定是嫂子全包了，家事、雜事、小孩的事，大哥回家躺了就休息，但是嫂子可能還在曬衣、洗衣或是整理廚房。

大哥的辛苦還能量化成「新台幣」，當拿著新台幣的時候，我們摸著良心說，是不是其實有點仗勢，說話是不是也帶了點驕傲跟底氣，還老用著有在「賺錢」這個理由壓著人家打？

「哈哈哈，有時候啦，但我賺錢真的很辛苦啊！」大哥說。

「大哥當然辛苦，但大哥辛苦可以用薪水多寡證明給嫂子看，讓嫂子不敢多說什麼，可是嫂子的辛苦卻無法量化證明，嫂子啞巴吃黃連，有說不出的心情，也只有無奈兩個字。」

「沒有經歷過就不會感同身受，大哥就讓嫂子去工作，讓她知道花在家用上的一分一毛，都是你跑了一趟又一趟的車，耐著性子用時間和血汗去打拚賺來的。而大哥也來試試看，其實也不用做多，就放假獨自在家顧個小孩就好，如何？」

「顧小孩比我開車還累，不要。」大哥馬上拒絕。

「大哥一個鐵錚錚的漢子都覺得累了，那嫂子一個弱女子，還要肩負起照顧小孩跟家務，不是更累嗎？」

當夫妻是一種緣分，但要能好好相處，就是一種考驗。只有體驗彼此角色的艱辛，也才能知道，當身分從男友、女友轉變成老公、老婆、爸爸跟媽媽的時候，其實彼此都有自己的辛酸。

「少年欸，你有夠囉嗦，你要去的地方在這裡，快下去。」大哥語氣其實是開玩笑我知道。

我付了錢下車之後突然想起，不對啊，怎麼大哥找我這麼多錢？這大哥，看來是有幫我打折了，也希望你跟嫂子的關係能順利解決，祝你們幸福。

只有體驗彼此角色的艱辛，
才能體諒對方的辛酸。

心離得越遠，人的心，也只會越來越冷

帶兒子去看醫生的時候，看到門口外面有個男人在罵自己的老婆，大致上內容就是說：「小孩的事情本來就是妳的事，不然妳是還能幹嘛？什麼事都不會也找不到工作，就算讓妳找到工作又能賺多少錢？連車都不會開，我下班已經很累了，還要載妳跟小孩來看醫生，這一等還要等這麼久，妳到底是能幹嘛？」

「那個……先生借過一下，我兒子要玩這台投幣搖搖車，麻煩讓一下。」我說。

那個氣沖沖的先生看了一下我，停止繼續怒罵，轉頭跑回車上等，而他老婆低著頭回到診所裡面。

有些老公，似乎把打擊太太、貶低太太、否定太太這種事，當成是一種習慣或者說是一種樂趣，自己卻還渾然不覺。

打造一個溫暖的家，不能只靠媽媽一個人，所有的壓力也不該都只丟在某個人身上，爸爸面對全家生計的壓力，媽媽在育兒路上的不順，這都是組成這一個家的兩人所必須共同去承擔跟面對。

爸爸工作不順利時，也不想聽到媽媽說：「你要想辦法面對，賺錢是你男人的責任，沒錢我跟小孩是活得下去嗎？可以努力一點嗎？」

沒有一個男人想聽到自己的老婆這樣說，反之，當媽媽遇到困難跟壓力時，也不想聽到老公說：「小孩的事情本來就是妳的責任，當媽媽有這麼輕鬆嗎？」

不要讓你的老婆漸漸有一種你總是把問題丟給她一個人去面對，然後自己在旁好像等著看好戲一樣。

如果照顧小孩真像你說得這麼簡單跟輕鬆，為什麼你自己不來做？為什麼你總是要逃避面對小孩的一切？你寧願看著自己的老婆，從一個開朗愛笑充滿自信的女孩，被一句「你是媽媽」而搞到日漸憔悴，像個快溺斃的人，一口氣都快喘不過來。

為什麼就是不肯出手協助？
為什麼就是不肯好好聽對方訴苦？

夫妻有三件事情不能忘：
不要忘了第一次見面的「心動」；
不要忘了第一次牽手的「動心」；
更不要忘了婚禮上兩人決定廝守終身的「決心」。

你的女人是媽媽，是無法改變的事實，但你不也是一個爸爸、她的老公嗎？暖一個女人的心並不難，只要將你的心貼近她的心，彼此的暖意都能傳達到雙方身上。

反之，心離得越遠，人的心，也只會越來越冷。

夫妻間莫忘三件事：
不要忘了第一次見面的「心動」；
不要忘了第一次牽手的「動心」；
更不要忘了婚禮上
兩人決定廝守終身的「決心」。

家，是兩個人一起努力

兩邊的家都是家，兩邊的家人都是家人，當你有能力憑藉著雙手另組一個新家時，新成立的家，也將成為兩邊的家。

收到通知，得知丈母娘舊疾復發，需要回醫院再動一次手術，而且還不是小手術，樂兒一聽馬上就哭了，我趕緊跟她說：「你準備準備，先回去陪媽照顧好她。」

樂兒邊哭邊說：「我回去工作怎麼辦？還有你白天上班、晚上上課，誰要顧小孩？」

我安慰著她：「沒有什麼事情比父母重要，小孩我會照顧，不然也能請我媽先照顧，總之這些都不是問題，你趕快收行李回去。」

收行李的過程中，樂兒又接到丈母娘電話，說剛剛醫生交代了一些事情，把最好跟最壞的情況都講了一遍，我在旁聽得也臉色沉重，「怎麼會這樣……」

從電話中還得知，丈母娘為了省錢住在三人房，馬上交代樂兒，請媽跟醫院說換成單人房，因為我有經歷過父母動大手術的經驗，術後需要好好休養，三人房人多進出也雜，較無法好好靜養，且醫院病房也不是想換就有。

丈母娘在電話那頭說：「真的不用啦，單人房這麼貴，手術已經要花很多錢了。」

我說：「不用擔心，那些我們會處理，媽放心治療就好。」

電話掛斷之後，樂兒又抱著我大哭說：「謝謝。」

看著她這麼難過，我頓時也鼻酸了起來，只能用力抱著她。

隔天她要去搭高鐵時，還一直擔心我這陣子會很辛苦，我笑著說：「這幾年的『爸爸日』已經把我訓練得很好，而且我們有能力組成一個新家，就是為了可以照顧原本的兩個舊家，錢再賺就有，不要讓媽太辛苦。」

幾天後，接到樂兒的電話，表示丈母娘手術順利、一切平安，大家終於放下心中的大石。

電話中她一直強調：「等媽穩定點，我就會趕回家幫忙。」

我笑著說：「不用啦，家裡一切都很好，妳過一陣子再回來吧。」

她氣呼呼說：「所以你意思是說，這個家有我沒我都沒差囉？」

我大喊：「冤枉啊，就是想讓妳多陪家人而已啊！」

我想，婚姻難免會分你家我家他家，畢竟是鐵錚錚關係到血緣、姓氏、養育之恩的不同，在我們的心中，永遠只會有一個爸跟媽，實在不用勉強伴侶要多孝順或聽自己的父母話，適應著我們的原生家庭。

但婚姻可以的是，在對方的家人需要她出現的時候，我願意守在她身後，成為她無後顧之憂往前邁進的支柱。

Her Story

不需要玻璃鞋

自從她兩年前嫁入豪門之後，就漸漸淡出演藝圈，
要復出機會微乎其微……

隨著事跡敗露，顧宇皓接下來在校園更是肆無忌憚的跟徐凌葳同進同出，絲毫不顧慮其他人的閒言閒語，反正離畢業也只剩幾週，顧宇皓就能帶著徐凌葳回到父母的影視公司，過著不愁吃穿的生活。

這天早上，松裕集團的總裁辦公室，只剩下夏慕恒跟他父親夏峰，身為全國最大物流公司的負責人，他從來沒想過一手栽培的接班人，竟然敢拒絕自己的要求？

「給我一個理由。」夏總坐在皮椅上點了一根雪茄。

不得不說這夏家的人基因實在太好，夏峰雖然年過半百，但保養得不錯，鼻梁高挺，唇線清晰，外表看起來比實際年齡年輕十幾歲以上。

夏慕恒此時一身西裝筆挺，一雙清冷如寒冰般的眼眸不帶任何情感，手裡拿著一份企劃書，直接放在自己父親桌上，「夏總，給我一年的時間，我會讓這間影視公司成為全國第一。」

夏峰看著眼前這位跟自己有七八分相似的年輕人，雖然內心不滿但偏偏對方又是自己的兒子，他深吸了一口雪茄，微微揚眉，「一年內要打造一間全國知名的影視公司？三年內要帶著旗下藝人一舉拿下金星獎雙料影帝、影后？慕恒，不是爸看不起你，你太天真了，你難道不知道演藝圈的水有多深嗎？」

夏慕恒聞言沉默了片刻，他當然知道，但只要唐小柔想，他就會去做，誰叫人家就寵妹呢！

夏慕恒笑了笑：「夏總，相信我！我不會讓你失望的！」

夏峰看著自己的兒子眼神這麼堅定，也無可奈何，從抽屜拿出支票本，在上面寫了幾串數字之後，交給了兒子，「這裡有十億，要是敗光了，就給我滾回家好好接班！聽到了沒有！」

夏慕恒雙手握緊拳頭，強壓住內心的激動，「成了！」

緊接著夏慕恒開始著手一連串的事物，除了成立鉅翔傳播國際有限公司，還開始籌拍各種影視節目，他也確實有經營的才能，沒多久還讓公司成功上市，開始掛牌，他也漸漸知曉，原來全國都在討論的《逆襲皇妃》，就是自己妹妹所寫，他為了配得上自己妹妹的作品，不斷的承接各種類型的影片，以藉此磨練自己。

而唐小柔彷彿沒她事一樣，靜靜的在家編寫出一集又一集的劇情，而這部神作早就在全國最大的小說網站「讀我」瘋狂的轉傳，點擊率也早就破億。《逆襲皇妃》、小紅帽笑笑，這幾個關鍵字在網路討論度居高不下，還連續蟬聯三個多月的熱搜排行榜冠軍，大家每天都在線上敲碗等更新，甚至還有專門論壇在討論這背後的作者，小紅帽笑笑到底是誰？

雖然網路上吵得沸沸揚揚，還有瘋狂粉絲直接開價一千萬，只想跟作者見上一面，吃上一頓飯。但小紅帽笑笑始終不肯出現，有人猜想著這人一直不想站在螢光幕前，鐵定是個宅男死胖子；但也有人認為，能寫出這麼詩情畫意的優美劇情，一定是一位專門研究古風古詩的女文學作家。唐小柔的才華、小紅帽笑笑的神祕、《逆襲皇妃》的爆紅，也造就了這一連串的連鎖反應。

一年後，在鉅翔傳播公司的總監辦公室裡，夏慕恒有點不習慣的看著眼前這位穿著一身紳士訂製西服、搭配一件黑色碎花襯衫、領口處還有客製化的刺繡圖案，斜長的劉海刻意遮住了那雙琥珀般的眸子、長相俊秀的男子。

「我說老妹啊，妳一定要女扮男裝嗎？哥看得好不習慣啊！」夏慕恒一臉苦笑的說著。

「哥，我不是說在外面要叫我的化名，林少嗎？這演藝圈太複雜，我頂著一個女孩子家的身分，辦起事來總會綁手綁腳，還不如女扮男裝，來得方便！」唐小柔邊說邊整理自己的衣領。

「是是是！我的林少公子，話說妳給我這一大疊資料是？」夏慕恒看著不遠處的唐小柔詢問著。

「裡面有幾位我覺得挺有潛力的新人，你派人去接洽一下，把他們簽到公司來。」唐小柔一臉神祕的笑著。

夏慕恒打開那份藍色資料夾，裡面寫著，「口罩男、口罩嫂曾樂兒、這裡有一對情侶、九耐順子、小B辣、這群鬼、唐國師……等等。

夏慕恒一臉疑惑的問，「我說妹妹，這些都是什麼人啊？我怎聽都沒聽過啊？」

唐小柔不疾不徐的開口道，「哥你不用管，這件事你要親自辦，只要網路上一出現這幾個人名，立刻去接洽，不管花費多少錢，一定要把他們簽到手！」

夏慕恒點了點頭，對於她這個王牌編劇妹妹，他還是很信任的。

對了，夏慕恒有些結巴的開口道：「妳……妳真的……真的要把《逆襲皇妃》給我拍？」

「哥，一年多前在咖啡廳的約定，難道你忘記了嗎？」

看著唐小柔那真誠的笑容，慕恒連忙緊張解釋說，「我當然沒忘！只是，只是妳的小說已經紅遍全國，有多少國際影視公司要找妳合作，都被妳一口回絕，哥是怕……怕我這小公司，拍不出《逆襲皇妃》故事背後真正的精髓啊！」

唐小柔看著夏慕恒桌上那一堆《逆襲皇妃》的參考資料，還有已經翻爛的劇本，她笑著說，「只有你才拍得出來！我相信你！」

看著妹妹對自己這麼有信心，夏慕恒馬上拍著胸膛大喊，「好，我絕不會讓妳失望。」

隨即拿出一份資料說，「這是我花了近半年做的角色分析，有符合擔任《逆襲王妃》女主角的，目前線上有五位藝人都很適合，但我有點拿不住主意，所以今天請妳來，也是想問問妳的意見。」

唐小柔接過夏慕恒的資料，專注的翻閱著，「不愧是哥，真的非常用心，這五位藝人不管哪一位來擔任《逆襲皇妃》的女主角，市場反應都會非常好，但……」

其實真正的女主角，唐小柔心裡早有譜，但她想再次確認自己的看法是否跟哥一致，果然當她翻到倒數幾頁的時候，手指略停了一下，目光停留在角落的一個名子：「林子萱」。

果然有這位她心中的首選，也是前世《逆襲皇妃》的正牌女主角，但慕恒卻在對方的名字旁打了一個叉號！

「哥，關於這一位你有什麼看法？為什麼要打一個叉號？」唐小柔眨了眨眼一臉好奇。

夏慕恒意外的看了唐小柔一眼，「妹，妳也注意到林子萱啊，其實她原本是我心目中的首選，看過她跟華士特合作的舞台劇《仙履奇緣灰姑娘》，那演技真的是扣人心弦，名副其實的影后，但自從她兩年前嫁入豪門，就漸漸淡出演藝圈，要復出機會微乎其微。」

唐小柔的臉色僵了僵，「沒錯，要讓林子萱從豪門復出，光是她那自私的老公一定第一個反對。」

穿越前，要不是因為某件事情爆發，林子萱為了生活，才會讓顧宇皓公司有機可趁，說服林子萱跟他簽訂不平等合約，接拍《逆襲皇妃》。

由林子萱擔任女主角，翻拍成電視劇的《逆襲皇妃》，才是真正紅遍全亞洲的時候，雖然林子萱的名氣也因此跟著水漲船高，但實際獲利者都是顧宇皓，最後她還因為拍戲長期過度疲勞，而因病過世。

唐小柔遲疑了片刻，看了一下牆壁上的日曆心想：「算算日子，林子萱那件事也快爆發了，這一世絕不能讓顧宇皓得逞。」

「哥，林子萱的事情我來處理，你繼續籌備其他事項，我有信心可以邀請到她復出！」唐小柔似笑非笑的看著夏慕恒。

夏慕恒的雙眼明顯劃過一抹驚豔，「不愧是我的好妹妹，如果真的有辦法邀請到林子萱來擔任女主角，《逆襲皇妃》絕對能紅遍整個亞洲。」

絕色咖啡廳。

這是唐小柔最近常出沒的地方，她邊寫劇本邊在等，等一個絕佳的機會。三天後，同樣坐在咖啡廳的民眾突然大喊：「天啊，你們看新聞，影后林子萱跟健身教練鬧出緋聞了。」

聽到林子萱這三個字，唐小柔頓時眼眸一凌，「終於發生了！」

她馬上拿出手機，立刻點閱幾個知名娛樂網站，上面紛紛用著斗大標題寫著：

「灰姑娘不甘寂寞偷吃小鮮肉。」

「曾經的影后忘情激吻？」

「老公餵不飽影后林子萱？」

民眾A：「這林子萱老公這麼有錢，她怎麼還偷吃？」

民眾B：「抵擋不了小鮮肉的好身材吧！」

民眾C：「會不會是被陷害啊？這林子萱還滿潔身自愛的啊，我不太相信。」

民眾A：「演藝圈出了名亂，你太單純了。」

聽著民眾一個個在討論林子萱的事情，唐小柔面色冰冷。

實際上，剛剛有位民眾說的沒錯，從頭到尾林子萱都是被陷害，而且幕後的黑手，就是她現任的老公王一陽。

前世林子萱一直無法生孕，婆婆沈碧霞早就對她不滿，一直想替兒子找代理孕母，但林子萱始終不同意，加上王一陽在一次聚會中認識了性感女星葉心弦，兩人情投意合逐漸走在一起，為了能順利跟葉心弦雙宿雙飛，王一陽便跟林子萱的教練串通，策劃了這次事件，為的就是能跟她順利離婚，又不用支付高額的贍養費。

雖然沒有明確的證據拍到兩人上床的畫面，但因為網路酸民的見獵心喜，唯恐天下不亂，加上王一陽買通了許多記者，一直製造聳動的標題，整個媒體風向都認定林子萱是個不守婦道的女人，最終王一陽也不用付任何費用的跟她離婚。

身敗名裂的林子萱，從此生活陷入困境，加上又被演藝圈封殺冰凍，連續好幾年都沒有收入的情況下，最後為了生活，才被迫跟張家穎簽訂不平等合約，出演《逆襲皇妃》。

最後下場就是《逆襲皇妃》火紅了，可林子萱也因高壓的工作環境而染病去世，幾年後有位不具名的記者，因良心不安，才將所有事情全盤托出，但被誤會了好幾年的林子萱早就不在人世了。

唐小柔一直對出演她筆下《逆襲皇妃》的林子萱有份特殊情感，她也不想看到林子萱被顧宇皓壓榨，但總不可能提前去告訴林子萱，這只會打草驚蛇，所以早在前一陣子，她就已經準備好了一切。

她撥了通電話，上面顯示最親愛的哥哥，對方一接通，她直截了當的說：「親愛的哥哥，可以跟你借那台寶貝車嗎？」

市區的高級別墅區。

外面正下著大雨，一大群黑壓壓的記者早就守候在此多時，別墅區外的馬路，併排著一輛輛的SNG轉播車，別墅旁的小巷子，一個穿著全身黑衣戴著口罩墨鏡的女子正在附近徘徊，她回想著剛剛在別墅區，老公一家人對自己所說的話，眼淚伴隨著雨水漸漸的滑落。

「子萱，妳真是丟盡我們王家的顏面，連這種不三不四的事情，妳都做的出來？」

「大嫂，妳怎麼這麼傻，做出這種人神共憤的事情？」

「林子萱，我對妳這麼好，妳卻讓我戴綠帽？妳還是不是人啊？妳給我滾，滾，我永遠都不想看到妳。」

林子萱跪在地上，滿臉淚水卻無從辯解，因為她也不知道，她明明在SPA室休息，為何教練會突然出現在房間，還抱住自己，緊接著就一堆記者出現狂拍，她根本不曉得發生了什麼事。

這時，一名眼尖的記者發現了她，突然大喊說：「林子萱在後門，快點過去拍！」

在場的媒體聞聲，個個都像蝗蟲過境一樣，瘋狂的衝了過去，林子萱瞬間被嚇傻在了原地不知如何是好，眼看記者就要追到她眼前時，一台水藍色瑪莎拉蒂衝了出來，車門一開，裡面的人大喊：「快點上車！」

危機時刻林子萱哪顧得了這麼多，直接跳上了車，車門一關，駕駛油門一踩，引擎聲轟轟一響，水藍色的跑車瞬間就甩掉了記者的追趕。

鉅翔傳播影視公司裡，唐小柔、林子萱跟夏慕恒，三個人正齊聚在裡面說話。

「你們是誰？為何要幫我？」林子萱一臉疲倦，眼眶泛紅的詢問。這幾天的負面消息，早已讓她身心俱疲，但眼神還是不自覺地停留在一個絕美青年的身上，也就是男兒打扮的唐小柔——林少。

「我是鉅翔傳播影視的總監夏慕恒，她是我妹……咳咳，我弟弟林少，我們是來幫妳的！」夏慕恒開口道

林子萱搖了搖頭，嘆了口氣說，「沒救了，現在輿論風向都朝著我襲擊而來，我老公、婆婆也不願聽我解釋，我已經沒救了。」

男兒打扮的唐小柔，無瑕的面容上嘴角微揚，勾勒出一抹誘人的弧度，目光清澈的看著林子萱，「三天之內，必還妳清白，但我想先問妳，妳跟王一陽結婚，快樂嗎？」

林子萱抬起頭，便對到了唐小柔燦若星辰的雙眼，她從來沒看過這麼俊美的男人，也忍不住多看了幾眼，她一臉無奈苦笑著說，「快樂是什

麼？我都快忘記了……婚姻真的跟我想像中差太多，自己總像個外人一樣，雖然很努力地想融入到這個家，讓婆婆跟一陽的妹妹喜歡，但不知道為什麼，怎麼做怎麼錯，婆婆又一直希望我有個小孩，讓我壓力好大……好大……」

唐小柔聞言撫著袖口，面容上的笑意逐漸斂去，深吸了一口氣，緩緩對林子萱說：「女人結婚本來就很吃虧，妳為了王一陽放棄工作跟夢想，走入一個陌生環境，然後配合一群完全陌生的人，適應著他們的生活，可是誰來適應配合妳？為了滿足某些長輩，傳宗接代彷彿是女人的任務一樣，但……難道女人就不能選擇生或不生的權利嗎？」

聽聞這俊美青年的一番話，林子萱一愣，彷彿想通了什麼一樣，緩緩抬頭看著唐小柔，原本空洞無神的眼眸似乎漸漸恢復昔日的光彩，就連在旁的夏慕恒，也低頭思索著這番話背後的涵義。

唐小柔緊接著不疾不徐的用手機連結了公司的投影螢幕，大螢幕上突然出現了王一陽跟健身教練，兩人在絕色咖啡廳交談的畫面，甚至還清楚錄到兩人之間的對話！原來，她那幾天泡在絕色咖啡廳，就是在等這兩人出現。

「到時候你只要抱住子萱，其他的我會處理。」

「董事長，這件事影響我很深啊，價錢方面？」

「你放心，這張卡裡面有兩百萬，事成之後我再匯三百萬給你。」

「太好了，謝謝董事長，我一定會努力完成任務。」

而下一個影片，是一間高級飯店的監視器畫面，裡面清楚的拍攝到王一陽跟性感女星葉心弦，兩人勾肩搭背有說有笑的進到同一個房間，久久未出現。

林子萱看著投影螢幕臉色慘白，原來……原來這一切背後的指使者，竟然都是自己的老公？

唐小柔冷笑著，「妳現在知道還不算太晚。」說完又連續放出王一陽跟葉心弦在房間內各種不堪入目的照片。

投影螢幕上每放一張照片，林子萱臉色便白一分，看到最後整個人癱軟坐在椅子上。

夏慕恒驚訝的看著自己的妹妹，她知道妹妹才華洋溢，但卻想不到這麼神通廣大，她到底是怎麼做到的？有了這些證據，林子萱必定能洗清冤屈獲得重生，公司對她這份大恩情，完全可以跟她簽訂任何合約啊！原以為當初妹妹只是玩笑話，沒想到她真的做到了。

唐小柔嘴角微揚，彷彿這一切都在她的計劃之中，「妳的清白跟老公的事業，你自己做決定吧！」

林子萱雙手握拳，彷彿下定了某種決心的說，「婚後，我就是太聽老公的話，為了婚姻選擇妥協跟放棄原本的工作。但走入婚姻後才發現，等待我的不是幸福，而是婆婆的處處刁難，原以為我老公只是個媽寶，我被誤會了，他連聽我解釋都不願意，但原來這一切都是他所策劃！」

「我認清現實了，女人沒工作、沒收入、加上沒有娘家後援，連說話的權利都沒有，我要將一切都攤開，找回我的清白、我的工作，我要去追回我的夢想！」

唐小柔露出滿意的表情，「很好，我就是在等妳這個答案。」

三天後，整個事件風向大逆轉，各大媒體報章雜誌的頭條新聞，都是王一陽串通健身教練，陷害自己老婆！背後是因為性感女星葉心弦？林子萱的不孕成了王家罪人？女性團體各大名人統統跳出來譴責王家，甚至呼籲民眾抵制他們家的商品。王家頓時成了國內人人喊打的目標，股價還連三天跌停！

網路直播新聞在刊登出王一陽跟健身教練的對話畫面之後，線上觀看人數超過十萬人，留言一條一條刷新：

「這是八點檔吧？林子萱不能生就要被陷害？王家太扯了。」
「這王一陽還是人嗎？明明就自己偷吃還做賊喊抓賊？」
「豪門深似海啊，這些人的良心都被狗啃了，絕對要抵制！」

一連串的抵制留言，風向的轉變，讓林子萱從三天前人人喊打的落水狗，如今成了民眾同情支持的對象，而媒體跟王家的競爭對手早早嗅到商機，一個個都像狗急跳牆一樣，一早就打爆了林子萱的手機電話，每個都想安排專訪、商演跟代言，畢竟她可是昔日的影后，加上這事件的推波助瀾，只要有任何一點關於她的小小事情，都可以成為熱搜焦點。

鉅翔傳播影視公司辦公室。

一早所有分機都響個不停，因為林子萱決定跟林少簽約，成為他們公司旗下的藝人，所有對外合作也交給他處理，這消息一傳出，所有人都在納悶，這間小公司到底是從哪冒出來的？究竟是何時跟林子萱接洽到的？

但這還不是最驚人的一件事情，因為在五天後，鉅翔趁勝追擊，直接宣布，已經跟網路暢銷作家小紅帽笑笑簽好合約，即將開拍《逆襲皇妃》，而女主角就由影后林子萱擔任演出！

天啊！整個影視、媒體、出版圈都快要炸鍋了！完全不露面、連身分都還未知的網路暢銷作家小紅帽笑笑，竟然跟鉅翔簽約了？鉅翔的股票一開盤就直接漲停，所有股東都樂得開懷，究竟這鉅翔是什麼來頭，這一連兩波神操作，真的太不可思議了！

未完待續

Chapter

03

天真無邪白雪公主

一直迎合老公的要求、滿足旁人的期待時，

漸漸失去了興趣、遺忘了快樂、找不到成就。

白雪公主天真善良有愛心，

吃了巫婆毒蘋果，還跟她微笑說謝謝……

不要有公主病，但也不該逆來順受

老婆回台北有一段時間了，這段時間在FB上分享了一些我跟小孩的日常，但底下也收到了一些朋友的意見，例如：「媽媽都不會想小孩喔、媽媽怎麼狠心離開小孩這麼多天、媽媽玩太久了吧、爸爸也太辛苦了，要工作又要照顧小孩？」

我老婆本來就不是個逆來順受的人，但不是她有公主病，而是孩子本來就是夫妻共同的責任，夫妻就是互補，沒有誰賺錢誰是老大、誰照顧小孩時間多誰就比較愛孩子，小孩在成長的過程中也需要獨立，也該逐漸適應父母有一方不在身邊的日子。

其次是，我不想小孩在未來的記憶中，爸爸就只能淪為賺錢的工具，沒有任何陪伴、歡笑跟照顧的畫面，而媽媽也不該成為小孩的貼身傭人，好像小孩一沒有媽媽在身邊就完蛋。

妳心態要先自由，

婚後才能依舊擁有自由的生活。

除非妳打從心底就認為，老公有賺錢養家就已足夠，其他事情本來就是女人該做的，妳這輩子無怨無悔，那不妨直接跳過這篇文章；但如果妳心裡覺得這樣並不公平，那就把「爸爸照顧小孩不行、爸爸照顧小孩我不放心、媽媽不能離開小孩太多天」的想法，慢慢拋棄。

有時候先別怪罪男人不會當爸爸，而是他們只是複製了上一代的教養方式，母親在家無怨無悔的照顧小孩跟家務，父親就是認真在外打拚賺錢，但妳可以反問他一下，請他回憶起當年的兒時記憶，那時父親在自己心中的模樣，真的是你想要傳達給小孩現在的模樣嗎？我想不是的，你一定也渴望父親下班後能陪你玩耍、陪你聊天、陪你吃飯、哄你睡覺，那為何現在不做？

另一種原因是因為，在他的世界裡，小孩的責任永遠都被媽媽所承擔，他沒有機會學習，導致在他的認知裡，我就是工作、有賺錢就好，其他有關小孩的事情，反正我老婆老嫌我做得不好，都會處理得服服貼貼，所以他下班不會主動照顧小孩，他休假習慣把時間用在自己的興趣跟朋友身上，因為他被妳寵壞了，他不知道原來照顧一個家是兩個人的事，家務更是住在裡面大家的事。

老公就像一個大男孩是可以訓練的，當妳培養他們有照顧孩子的心態時，很多人甚至做得比媽媽還好，在小孩的成長過程中，更能添加許多媽媽所無法帶給他們的色彩跟豐富性。

妳心態要先自由，
婚後才能依舊擁有自由的生活。

不要再當女超人了，妳不是超人，別一直苦撐下去，因為遲早有一天會爆發，不要害怕爭取、也不要害怕放手，物極必反……

如果妳當媽太強，妳小孩就會弱；如果妳當老婆太刻苦，妳老公鐵定很輕鬆。

「一個豬隊友的背後，往往也有一個耐操、有檔頭的好隊友」，能怪誰呢？

要怪就怪自己什麼都攬在自己身上做，把對方寵壞了，妳看女人多辛苦，把對方寵壞還要自己反省說：「天公伯啊，我老公這麼弱，都是我的錯啊！」

最後，婚姻就像公司，公司最喜歡什麼，那種不吵不鬧叫他往東不敢往西的員工，問問妳自己，妳想要當這種員工嗎？還是要當一個班照上、事照做，但該休假我要休，下了班就是我自己的時間，該員工旅遊我要去，該出國考察我要飛，妳婚前就是這樣，婚後的權益不該因為變成媽媽就消失，記住，有快樂的媽媽，才會有更快樂的孩子。

大家都很喜歡說我為了孩子怎麼樣，雖然我不太喜歡，但換個方式套用在這裡，為了讓孩子快樂，所以媽媽這輩子的任務就是要想辦法讓自己更快樂！懂了嗎？

如果妳當媽太強，妳小孩就會弱；
如果妳當老婆太刻苦，
妳老公鐵定很輕鬆。

你不是誰的附屬品

口罩哥：

我是全職媽媽，想問你要怎麼做才能讓我老公知道，其實我真的很累？雖然小孩才六個月，但我每天都面臨疲勞轟炸，跟他溝通也沒用，我老公下班後總是玩自己的遊戲，有時候我請他泡一下奶、換一下尿布，他都說我整天在家有什麼好累的？還說有本事我就出去工作啊，就連他沒上班的時候，也都是在玩電腦、玩手機，不願意帶我跟小孩出去走走，也不願意幫忙帶一天，讓我好好休息。

他總是認為我顧小孩很輕鬆，我完全沒有抒發壓力的方法，也沒有朋友可以聊天，也不敢跟娘家講怕他們擔心，也不能喝酒解愁，而他心情不好都可以找朋友訴苦，又或者打一整天的遊戲，為什麼這麼不公平？

By 其實一點都不輕鬆的全職媽媽

妳想問：「要怎麼做才能讓我老公知道，其實我也很累？」

然而，就算他知道妳很累，對妳的生活來說，也不一定會有什麼改變，所以我比較想跟妳聊的是：「**該怎麼做，妳才不會這麼累？**」

我覺得大多數的全職媽媽，心態都需要調整一下，我知道，妳們可能

改變不了別人就改變自己，
改變不了自己就轉變一下問題。

因為沒有收入加上經濟負擔都在老公身上，對另一半有所愧疚，所以當小孩出生，往往都會一肩擔起所有照顧小孩的責任，妳們認為照顧小孩這就是媽媽的義務，把家裡打理好就是媽媽的職責，妳們不敢偷懶也不敢放手，生怕少做了一件事或沒做好哪件事，就是一種過錯跟罪過。

可是妳有沒有發現，當妳一直迎合老公的要求、滿足旁人的期待時，妳漸漸失去了興趣、遺忘了快樂、找不到成就。媽媽這兩個字，也成了妳們一種無形的束縛。

「嫁給了愛情卻輸給了生活」是很多人婚後的寫照。

我的建議是，老公說妳有本事去工作，那妳就去工作。現在雙薪家庭比比皆是，專家研究顯示，雙薪家庭的離婚率，比只依靠某一方的收入來維持的家庭，要低上許多，因為雙方經濟自主，男女在家地位也能逐漸拉近，更不會有誰賺錢就是老大，妳沒收入就該認命的偏差情形產生。

另一件事，我們也該聊聊：「**沒有期待，就不會有傷害。**」要妳離婚嗎？好像問題又沒這麼大。但問妳開心嗎？妳確實是不開心。如果溝通呢？老公拒絕溝通跟改變。當問題的答案都一一被鎖死的時候……

改變不了別人，就改變自己；
改變不了自己，就轉變一下問題。

我常說談戀愛，標準分數一定要拉高，因為走入婚姻之後，你們原本眼中的理想情人，都會被扣分再扣分，但走入婚姻之後，就是在妥協、權衡跟退讓之中，得過且過的過生活。

妳也知道老公就是這樣一個人，與其期待他會突然變成妳想像中的理想男人，倒不如先想辦法，找出可以讓自己過得輕鬆跟快樂的方法。

例如：「原本妳可能每天都要洗衣服，變成三天洗一次、妳可能每天都要打掃家裡，就變成一星期打掃一次、老公假設要妳每天煮晚餐給他吃，妳就變成一天吃外食一天自己煮。」而偷出來的時間，他可以出外喝酒，妳也能在家小酌，他可以玩電動，妳也可以追一下《愛的迫降》，看看李正赫也能療癒一下自己。

妳要學會緩緩，少做一樣事情不會怎麼樣；但妳多做了一件事，人家也不一定會感激妳。

如果隊友總是不願溝通、不想面對，那妳就沒必要迎合他的要求，來當一個他心裡認為老婆跟媽媽該有的完美模樣，好嗎？

最後一件事：「**時常感謝另一半。**」我知道很難，面對一個豬隊友，妳海扁他都來不及了，竟然還要我誇獎他？但男人其實很像小孩子，妳跟他講一堆大道理他聽不懂，特別妳還拿我的文章去跟他比較的時候，他只會更生氣，雄性動物之間最忌諱被拿來跟同性做比較。

就像妳老公如果天天說口罩嫂有多好、多棒、多漂亮，妳該學學之類，妳應該也會覺得很煩，但如果反過來老公誇獎妳說「看來看去口罩嫂也沒有我老婆漂亮跟賢慧的時候」，妳心情會怎麼樣？

多看愛人的優點，少看一些無傷大雅的缺點，用稱讚代替責怪，用誇獎代替謾罵，沒有比較就沒有傷害。

還有，人都是獨立的個體，要想在婚後還能擁有自由，那妳就必須學會獨立這件事，不管是經濟、工作或是情緒上。妳不是誰的附屬品，不要活在妳的人生好像只有老公能帶給自己快樂這件事情上，這樣妳會活得很辛苦。

「試著忽略別人的期待吧！」妳看妳老公就適應得很好啊，因為妳的期待他完全無視，所以他很快樂。

只有把起始點拉回到平衡的時候，也才有談判的空間，那種要一直抬頭仰望對方的溝通，你們都還沒達到共識，妳脖子就先瘦了。

要讓妳的男人知道，妳不是非他不行，
但他如果有妳，會更幸福。

多看愛人的優點，
少看一些無傷大雅的缺點，
用稱讚代替責怪，用誇獎代替謾罵，
沒有比較就沒有傷害。

愛，不是停止自我成長的理由

我以前有個女同事，是知名大學畢業，除了能力強之外，還說得一口流利的英文，一進公司就受到主管賞識，在升遷這條路上，走得比我們其他人都還順利許多，看她升遷的速度，應該不出一年，就能調到總公司去被重點培育了。

但沒多久卻發生了一件出人意料的事情，就是她突然閃電結婚了，並且決定辭掉公司的工作，跟隨丈夫回到南部。

據跟她比較好的女同仁說：「人家老公在當地可是赫赫有名的地方人士，有好幾家的連鎖餐廳都開在他們家的土地上，光收租金就能一輩子不愁吃穿，有了這種老公，根本直接躍升人生勝利組。」

我記得當時在場的女同事聽完，個個都露出羨慕的眼神，還有人說：「真羨慕可以有不用工作就能不愁吃穿、還能天天睡到自然醒的生活。」

幾年後，一次公司的聚餐，幾位女同事趁著酒酣耳熱的時候，突然聊到當初閃婚的女同事……

A：「聽說她婚後那幾年，老公頻頻外遇，是真的假的？」

B：「是真的，而且她老公家超級傳統，公公婆婆一直逼她要生個男孩，偏偏婚後多年她都無法懷孕，雙重壓力之下，她最後受不了就簽字離婚了。」

C：「難怪不久前她還問我說，有沒有適合的工作可以介紹給她呢。」

所有人異口同聲：「怎麼會這樣。」

D：「她真的滿可惜的，要是當初沒辭職，憑她的能力，現在應該早就成為我們的主管了吧！」

其實類似的故事比比皆是，有多少女人因為無法拒絕心愛男人為自己所構築的美好未來，而付出了慘痛代價？

對於男人的承諾這種事情，空口無憑外加沒有法律約束，聽聽就好，舉凡什麼：「不用工作我養妳，結婚之後妳什麼都不必做，嫁給我、我讓妳永遠當公主。」

能有人養、不用工作、外加不愁吃穿的日子，表面上看似幸福，但其實跟被圈養在動物園裡的動物，有什麼兩樣？

因為生活的安逸，老虎漸漸失去了捕食獵物的野性；

因為封閉的環境，老鷹漸漸忘記了該怎麼展翅高飛。

當妳們把原本屬於自己生活的責任，交付或甚至依賴在另一個人身上的同時，不也連帶放棄了自我成長的機會，跟獨立自主的選擇？

因為生活的安逸，
老虎漸漸失去了捕食獵物的野性；
因為封閉的環境，
老鷹漸漸忘記了該怎麼展翅高飛。

我認為現代的新女性，都應該早點明白一件事——
不要讓愛情，在妳該奮鬥的時候，失去了打拚的動力；
在能吃苦的年紀，卻甘於安逸。

我們都無法確定身邊的伴侶真的會兌現當初的諾言，也無法肯定我們所選擇的對象一生只會愛我們一個人，只有拚命的替自己加分，讓自己趁早能獨當一面，才能在未來可能出現的風險中，將傷害降到最低，替我們延伸出更多選擇。

當妳什麼都不會、什麼都沒有、什麼都不懂的時候，妳只能任人宰割；一把好刀，勢必得反覆的經過千錘百鍊，敲打、壓薄、塑形、研磨、拋光、淬鍊等繁瑣的過程。

在能吃苦的年紀比別人努力；

在該奮鬥的時候比誰都拚，
這些過程，都將讓妳在未來成為更好的人。

不要讓愛情，在妳該奮鬥的時候，
失去了打拚的動力，
在能吃苦的年紀，卻甘於安逸。

我愛你，但我的世界不能只有你

口罩哥：

我不懂，婚後我很努力當一個賢妻良母，把家裡跟小孩都照顧得好好的，為了這個家，我幾乎把青春付出一大半，但為什麼老公總是看不到我的辛苦？回家只會對我不理不睬，好像我為這個家做的任何事情都是理所當然一樣，對外面的女同事這麼溫柔，對我講不到三句話就不耐煩，我真的活生生像個女傭一樣。

By 不想當女傭的賢妻良母

關於類似的問題其實我看過很多次，以前我也會生氣的跟著讀者一起痛罵這些老公，因為在我的認知裡，女人為了家庭犧牲這麼多，男人怎麼這麼不知足？來一封我就罵一篇，但後來我發現，雖然罵一罵大家是開心了，但對於這些老公來說還是不痛不癢，他們依舊過著我行我素的快樂生活，因為你無法單靠一篇文章就讓人醒悟，「既然改變不了別人的行為，我們就先改變自己的心態」。

「女孩們，黑化吧！」誰叫妳的老公欠虐呢？

還沒結婚、要結婚跟結婚後的朋友，我們還是要認清一下現實，完美老公不存在、小說寫的不全是真的、童話故事都沒講到婚後的生活！

「如果妳付出很多，老公依舊不懂得珍惜，那他就是『欠虐』，妳要懂得黑化自己。」這邊的黑化不是鼓勵女人要做違背道德的事情，或是有公主病，而是——不要活得太老實，不要心軟到什麼事情都攬在自己身上，善良到人家要妳往東妳就不敢往西。

大多數女性朋友一旦打從心底愛上一個男人，決定跟對方走入婚姻之後，往往會犯了一個錯，就是把重心、精力跟焦點都放在老公跟孩子身上，簡單來說，妳就是徹徹底底把自己的世界圍繞著老公轉，理想中的故事情節來說，兩個相愛的人眼中只有彼此，形影不離、如膠似漆，多浪漫、多有安全感啊，但那安全感是妳要的，不是老公要的。

女人要的是安全感，
男人要的是新鮮感。

既然改變不了別人的行為，
我們就先改變自己的心態。

所以問題來了，當初這個男人明明愛得自己死去活來，追到天荒地老都不嫌累，怎麼一結婚就變個人似的？因為婚後的妳太大愛了，妳突然停下了腳步，為了這個男人放棄太多東西，工作、夢想、興趣、朋友、穿著、打扮、身材、容貌、家人、甚至「脾氣」。男人一邊希望妳乖乖在家相夫教子，但一邊又打從心底看不起這樣的女人，他們骨子裡求的就是一個「新鮮感」，跟妳追我跑的「挑戰感」。

妳試著想一下……

婚後妳眼中是不是只有老公、小孩跟公婆？

婚後妳是不是老忘了怎麼化妝、怎麼保養、怎麼買衣服？

婚後妳待最久的地方，除了家裡、市場，不就是附近的公園？

婚後妳跟老公聊的話題三句不離公婆、小孩跟生活費？

婚後妳每天都在等三件事，等老公下班、等老公發薪、等老公睡覺？

我們最愛看的韓劇，如果女主角人格設定是，就只會依賴著老公、滿腦子只有家庭、是個逆來順受不會反抗公婆的女人，妳看了會喜歡嗎？妳不會，妳只會越看越氣，巴不得她快點黑化腹黑起來，增強實力，好對抗他們！

以前的傳統觀念都認為，女人就是要站在男人的背後，拜託，背後站久了，前面的人遲早會忘了妳的存在。傳統也很愛灌輸女人說，婚後就是要任勞任怨、無怨無悔，要溫柔、要犧牲、要奉獻，拜託，你當女人是頭牛嗎？要不要拉去耕田？

要讓一個男人永遠愛妳，不是要站在他的背後，也不是一直乖乖待在他身邊，而是要一直跑給他追，但又要不時的停下腳步等等他、幫他擦擦汗、給他一杯水喝，露出一個不失禮貌的燦爛微笑之後，再繼續往前跑。

培養自己的興趣、工作不要輕易放棄、不要讓自己跟社會脫節、婚後的世界不是只有老公跟小孩、朋友是妳最珍貴的財富、有收入才會有尊嚴的生活。

黑化，不是要妳自私，而是多愛自己一點，對於婚姻的愛情觀，妳一定要記住。

我愛你，
但我的世界不能只有你。

女人要的是安全感，男人要的是新鮮感。

給自己喘口氣的空間

口罩哥：

我跟老公因為很多原因決議要離婚了，但現在最讓我遲遲無法離開的原因是，關於小孩的扶養權。我很愛我的小孩，可是我現在連工作都還沒找到，我也沒有娘家可以依靠，所以我打算把小孩交給他父親撫養，因為婆家的經濟跟資源都比我好太多，但我這個決定卻讓身邊的親人跟朋友都說我是個自私的媽媽，他們說我只想逃避當一個媽媽的責任，只要有愛，一定能度過所有困難，我邊聽邊哭，我真的不

知道該怎麼辦？

By 心痛卻沒人懂的媽媽

我相信妳在做出這個決定之前，已經將心撕裂了好幾次，又自己反覆的將碎片一片一片黏上，如果不是萬不得已，誰想跟自己的親生骨肉分離，我想跟妳說：「照顧小孩不是只有媽媽一個人的責任，有愛也不一定能度過所有困難。」

一個女人在沒有娘家、沒有收入，過著連房租都繳不出來，只能躲在房間被房東狂敲門的日子時，你還要她帶著小孩離開，並且跟她說：「加油，有愛一定能度過所有困難。」

「你這是站著說話不腰疼啊。」

每一段破碎的婚姻，兩人或多或少都有錯，但為何女人就該承受更多的代價跟負擔？而男人卻可以理所當然回到最初的逍遙？

今天如果小孩的爸爸是個不負責任的人，那我相信不用親人朋友的提醒，媽媽一定會爭取小孩到底，但如果不是，在兩人都對小孩有愛的前提下，讓孩子能在最好的資源跟環境中長大，不是才是討論的重點嗎？

怎麼會扯到「媽媽是自私」這件事呢？

「很多人認為，媽媽天生就該愛著孩子，不能離開孩子，拜託，真的是夠了。」難道爸爸就可以？爸爸離開孩子，讓媽媽獨自撫養，都沒有人有意見了嗎？

還是離婚之後跟著爸爸的小孩都好慘、好不幸福、好可憐？這邏輯未免也太奇怪了。

或許在妳心中他不是一個好老公，但不代表他就不會是一個好爸爸；或許他沒有很愛妳，但可能愛孩子勝過一切。

何況媽媽不是離開之後就不跟小孩見面。

探視權不要忘了使用，

休假日不要忘了陪小孩，

孩子的重要節日不要忘了到場。

妳永遠都是孩子的媽，只是陪伴的時間少了，但妳對孩子的愛並沒有減少。

這裡也來分享「婚後財產」的觀念：

夫妻離婚後，依民法規定，夫妻兩人從結婚到離婚時所賺得的財產，相加除以二，就是離婚時可以拿走的財產配額。除非雙方一開始就決定要去法院登記採分別財產制，不然離婚時配偶是可以行使這項權利。

那很多男人會想，我這麼辛苦工作，好不容易才賺到有房、有車、還有錢，老婆在事業上又沒幫到自己什麼，憑什麼分錢？

第一、如果你有小孩還跟父母同住，那老婆為家貢獻勞務幾十年，好讓你可以無後顧之憂的在外面打拚，你能賺到的每一分錢，自然有她在背後的努力。

第二、沒有小孩也沒跟父母同住，老婆還讓我戴綠帽外遇，她憑什麼分？那你就要蒐集好證據，去跟法官說，將對方坐享其成的狀況降低，嚴重情節罪證確鑿，甚至可以不用分給對方。

社會型態一直在轉變，反觀女人事業有成，薪水、財產比男人多的比比皆是，萬一離婚，對方請求剩餘財產分配，也是可以嗎？

可以，兩人財產扣掉負債等計算完之後，多的同樣也要分給少的，但同樣，先生外面有小三、家庭暴力、從來沒照顧過小孩、好賭成性，一樣收集好證據跟法官說，不屬於他的，一塊錢也別給。

不管是什麼原因離婚，既然離婚了，兩人沒有法律的約束、感情的牽掛，那各自追求幸福都是很正常的事，真的不要再有那種離婚或因外遇而離婚的男人，都可以很光明正大跟新女友或小三在一起放閃，身旁親朋好友也都很願意不吝嗇地給予祝福。

但角色換成是離婚後的女人時，她的未來好像注定被大家所設定好——妳，離婚了，就是必須圍繞著孩子打轉、為孩子犧牲、得為孩子而活的觀念，如果沒有，就會遭受到千夫所指，這有道理嗎？

我們何時才能喚醒這個社會，孩子是父母共同的責任，就算要離婚，也還是一樣，靠媽媽一個人是生不出小孩的。

也請給離婚後的女人多一點空間喘口氣，好嗎？

愛你的人，只會支持你的夢想

口罩男：

我現年三十四歲，先生三十一歲。認識他之前，我已經自己貸款買了一棟房子，房貸每個月加學貸總共三萬，我的月收入不差至少有五萬，但扣掉房貸和學貸還有生活費，每個月最基本存個一萬，但有時候也要給爸媽一些生活費，但他希望結婚後，我離開我的工作，與他一起回到家鄉，孝順他的爸媽。

他沒有任何存款，但家裡不需要他負擔任何費用，我對我現在的工作及收入算是滿意，我若離開現在的工作，很難再找到這樣的薪水，我們之間常常為了這類問題產生爭執，他覺得，他為了我離開他的家鄉，是為了要把我帶回他的家鄉，甚至這段時間他的朋友都嘲笑他，說他怎麼不是娶老婆，而是嫁老婆。

至今他的工作狀況也未穩定，還沒有一個固定收入，難道我薪水高就錯了嗎？沒有在公婆身邊就叫作不孝順嗎？我已經不知道該怎辦才好了。

By 處於人生交叉點的困惑女子

才三十一歲，卻講出這種讓人聽了毛骨悚然的話：「他為了我離開他的家鄉，是為了要把我帶回他的家鄉，甚至這段時間他的朋友都嘲笑他，說他怎麼不是娶老婆，而是嫁老婆」可想而知，他本人跟周圍朋友的傳統觀念根深柢固，妳要是真的放棄工作跟他回家鄉，那妳就準備看他全家人的臉色過日子。

試著想一下，雖然工作也要看老闆臉色，但妳至少還有將近五萬的薪水可拿，這薪水可以讓妳用來繳房貸、學貸，剩下的部分想怎麼用就怎麼用，吃美食、旅行、用來孝順父母，或是存下來看著簿子裡面的數字越來越多，瞧瞧，妳活得多充實。

但妳如果因為愛或是被老公情緒勒索，導致放棄工作回到他的家鄉去，我跟妳說，妳就準備看老公一家人的臉色，重點還沒有薪水可拿，不是我危言聳聽，而是生活始終脫離不了柴米油鹽醬醋茶，錢不是萬能，但沒錢是萬萬不能。

雖然家裡不用他負擔任何費用，但妳有沒有想過，就算他家再有錢，那也是他家的事，跟妳一點關係都沒有，妳未來的狀況，就是既沒工作也沒收入，身上的存款可能一天一天的快花光，除了房貸繳不出來之外，父母的孝親費更是給不了，想去外面吃個外食，可能還會被罵說：「是不會省一點嗎？妳不用煮飯給我爸媽吃嗎？」

漸漸的，老公覺得妳整天花他的錢，婆婆覺得妳只會用她兒子辛苦賺的錢，到時候人家會怎麼對妳？

好事沒有妳，壞事都找妳；

好話沒妳份，閒來無事就想碎念妳。

妳原本以為放棄的只是工作，殊不知，妳放棄的是「生活跟尊嚴」。沒有經濟自主權的生活，妳就得每天在家看人臉色，等以後有了小孩，妳還得二十四小時待命的照顧小孩，懷疑嗎？

按照妳老公那種傳統想法，不然呢？妳沒工作、沒薪水，妳不照顧小孩妳要幹嘛？之後的生活，除了被小孩、家事還有公婆綁得死死之外，妳還會出現：一、沒休假；二、沒收入；三、好朋友漸漸不會約自己，因為妳除了難約之外，也約不太出來。

多年之後，等小孩大了妳想重回職場，也因為脫離職場太久，內心充滿不安跟缺乏自信，加上人老珠黃工作年齡限制多；反觀老公，有了妳的存在跟代替，他對父母的照顧可以減少，他對小孩的責任變得輕鬆，他越活越開心、越活越自在，誰叫家裡有個免費的女傭可以任他使喚？

這狀況雖然不是全部，但也是大多數待在傳統觀念的家庭、沒有工作的女人的寫照，妳不能去賭說：「妳的老公會跟其他人不一樣，他的家人也不會這樣對待妳。」

「而是要去想說，如果真發生了，妳能怎麼辦？」離婚？結婚輕鬆，但離婚這件事，在沒工作或有了小孩之後的妳才想離開，牽掛實在太多，有多少人只能一天過一天，以淚洗面，沒有勇氣跳脫出來。

最後，妳薪水高是妳辛苦努力的結果，這是一種成就，真心愛妳的男人，不是應該替妳感到驕傲嗎？怎麼還扯妳後腿，無情地要妳放棄一切，然後一心只顧著把妳帶回家孝順他的父母呢？

何況往往打著住一起可以就近孝順父母的這種口號，實際上，根本不是你們一起孝順父母，而是妳替他孝順父母，真的別傻了。

聽我一勸，不管怎麼樣，工作絕對不要放棄，愛妳的人，只會支持妳的夢想，不會要妳遠離夢想！請三思。

愛妳的人，
只會支持妳的夢想，
不會要妳遠離夢想！

愛自己，就是最可愛的

老婆終於考到駕照，她懷孕時寫的夢想清單，又完成了一項，我笑著說：「那接下來妳想完成什麼？」

她一臉興奮地拿出手機，翻閱自己的清單「補滿未完成的刺青、學會自由式、考重機、挑戰自由落體……」

「決定了！來考重機。」她握起拳頭興奮地大叫。

我愣了一下，笑著搖搖頭對她說：「我們家沒有重機可以讓妳騎。」

她嘟起嘴像個生氣的小河豚說：「不可以嗎？女生騎重機很帥耶。我以後自己存錢買，而且我還要去考大卡車駕照。」

我大笑！這女孩太有趣了！

她二十歲跟我結婚、二十一歲生子，一個才二十一歲的女生，大多都還在念書，但她卻連跳三級當起了媽媽。

當在社群媒體中，放上了出現兩條線的照片，並且開始享受眾人祝福時，那看似幸福的背後，有人察覺到，其實往往也代表著無助跟害怕嗎？

「我自己都照顧不好自己，有辦法照顧小孩嗎？我還有很多事情沒做耶，怎麼辦？」那是她當時天天問我的一句話。

我看了她幾秒，隨後拿出紙筆，「妳先把夢想一個個寫下來，我會陪妳一起完成。」

之後，她開始歷經懷孕不適、生產痛苦、身材改變、產後憂鬱，當小孩出生之後，大家都在擔心寶寶健不健康，有人關心過媽媽：「妳還好嗎？」

她剛生完，一口氣可能都還沒喘夠，就手忙腳亂地照顧起了寶寶，她再也不能想睡就睡、想起床就起床。

隨著孩子越來越大，家裡也越來越難整理，「地上永遠有撿不完的飯粒跟餅乾屑」、「玩具永遠會東一塊、西一塊的分散」、「兄弟姐妹老為了不起眼的小東西吵鬧」、「哥哥老是不讓弟弟，弟弟老愛跟姐姐互搶」、「同樣的一件事情，講了又講說了再說，還是一再發生。」

她不能偷懶、不能抱怨，更不能放棄，因為媽媽這兩個字，被社會認定就是「神」的意思，只要聽到妳是媽媽，妳就必須為了小孩犧牲奉獻。

但畢竟人不是神啊！媽媽會疲倦、會有情緒、會對小孩生氣、甚至很多次都累到想放棄，想一腳把小朋友踢出家門。

只要稍透露點內心的黑暗面，不管是給隊友、公婆或是分享在動態上，身旁的人總會用著自以為安慰人的語氣，實際上就是給人莫大的壓力：

「我們以前也是這樣過來的！」

「當媽的誰不是這樣？」

「妳抗壓性太低了啦！」

是啊，媽媽都抗壓低，反正孕吐到懷疑人生、肚子大到沒法剪腳指甲、生產可能會長痔瘡、醫生會幫妳妹妹剃毛、有機會邊生產邊大便、然後痛了好幾個小時最後醫生說要改成剖腹產、漂亮的衣服都穿不下、小孩出生後，有幾年時間不知道什麼叫睡覺，都不能算是「壓力」！

什麼時候大家開始把這些經驗用來比較？把它變成是一種應該？好像只要有一位媽媽撐不過或抱怨，就是一位不及格的媽媽？

漸漸的……曾經的夢想，如今只能作夢。

漸漸的……突然忘了自己有多久沒有笑過。

我承認有些媽媽真的已經接近神的境界，也非常完美，但那是她們不是妳，如果妳不想，那就不需要，如果做起來不快樂，那就不要逼自己做。

因為小孩最需要的不是完美的媽媽，

而是一位快樂的媽媽。

妳的夢想清單，是否也該將上面的灰塵拍一拍，
找時間清算一下了呢？

Her Story
不當傻嫩白

為了他我失去太多太多，連怎麼笑都忘了，
但他回報給我的，竟都是些骯髒齷齪的事？

星雲傳播執行長辦公室

迅速翻閱了一下特助傳來的文件，一雙握著鋼筆潔白的手，迅速地在合約上簽下了自己的姓名。

顧宇皓笑了笑：「凌葳妳幹得好，這次跟鉅翔的交換條件，我們真的賺大了。」

徐凌葳收起了文件，正要往回走時，突然感覺腰上有一股力量收緊，她如同一個抱枕般，就被顧宇皓摟在了懷中。

徐凌葳似乎也習慣了對方的舉動，順勢躺在顧宇皓身上道，「這鉅翔的總監看起來也沒多聰明，竟然會同意用一千萬來替侯雨彤解約。」

顧宇皓眉頭微挑，修長白皙的手指不安分的在徐凌葳的豐胸上遊走，「這侯雨彤雖然拿過金星獎最佳新人獎，但自此之後沒有再出現任何代表作，甚至幾乎要消失在演藝圈，要不是合約還有一年，老早就想把她踢出星雲了，這鉅翔也不知道哪根筋有問題，竟然會指名要她，讓我白白賺了一千萬。」

徐淩葳因顧宇皓不安分的雙手，臉色略帶潮紅的說，「天上要掉餡餅，真是擋也擋不住。」

顧宇皓很是滿意的看著眼前的女子，在她的下巴捏了捏，聲音輕柔的說，「真是我的乖寶寶。」

下一秒，徐淩葳毫無預警的捏著男人的下顎，竟將自己柔軟的唇瓣貼在了男人微涼的唇上……幾秒後她用著魅惑的聲音說：

「乖寶寶要撒野了……」

鉅翔傳播執行長辦公室

唐小柔跟夏慕恒正望著眼前這位面容精緻、身上充滿獨特氣質的女孩，但奇怪的是，她眼神卻是一片黯淡，看起來很沒精神，如同將死之人，一點光彩都沒有。

唐小柔看著眼前的侯雨彤，原本一直無法理解，當年那耀眼的新星憑著精湛的演技，捕獲了所有人的目光，但為何自此就銷聲匿跡？一調查才發現，原來當時的她，愛上了自己的經紀人——姜博成。

當時姜博成只是一位小經紀人，幸運被公司安排在侯雨彤身邊，誰知道侯雨彤一舉拿到金星獎最佳新人獎，迎接她的是美好未來，但這一切卻被愛情騙子姜博成所一一扼殺了。

說得好聽會照顧侯雨彤，但除了利用侯雨彤的名氣，常常私底下亂接案子換取酬庸，還在外面花天酒地，侯雨彤後期被廠商封殺，認為她不負責任、愛遲到早退、耍大牌，其實都是姜博成太鬆散沒有傳遞正確訊息所導致。

夏慕恒看了看眼前的女孩滿是心疼，「妳知道星雲已經單方面跟妳解約了嗎？」

侯雨彤面色慘淡聲音沙啞地說：「知……知道。」

唐小柔說：「那妳知道我是妳的新經紀人嗎？」

侯雨彤愣了一下，雙手因為緊張而捏得緊緊的，抿了抿唇道：

「不……不知道。」

唐小柔神情嚴肅的說：「妳跟姜博成現在還有聯繫嗎？」

侯雨彤神情苦澀，「他為了躲避債主，不知道跑去哪了。」

唐小柔繼續問：「那妳對他還有感情嗎？」

侯雨彤臉上透露出複雜的眼神，「為了他，我失去太多太多，連怎麼笑都忘了，但他回報給我的都是些什麼骯髒齷齪的事？我現在只想躲他躲得遠遠的，最好永遠不要見面。我這輩子最後悔的就是，竟然相信他的甜言蜜語，而放棄了我的一切。」

唐小柔點了點頭，「妳之前跟姜博成的事情我也略有所聞，我現在給妳兩個選擇，一個就是重新跟我們鉅翔簽訂一份契約，我將重新打造妳，讓妳女扮男裝擔任《逆襲皇妃》男主角，如果妳無法接受，那這份文件妳簽一簽就可以離開，剩下的合約期限，我可以當作不算，妳自己選擇。」

侯雨彤愣了一下，呆呆地望著眼前這份文件，遲遲無法做決定，「這個人……他真的想幫助我？可為什麼是我？就算我拿過最佳新人獎也是好幾年前的事了，星雲明明隨便找都有好幾個正火熱的藝人，為何她偏偏要選我？」

夏慕恒看著一臉掙扎猶豫不決的侯雨彤，知道前經紀人的事情實在影響她太深，便一臉真誠的開口道：「《逆襲皇妃》背後的隱藏價值，不用我們說妳也應該知道，我身為鉅翔傳播影視公司的負責人，既然公司選妳當主角，妳就是我們重點栽培的對象，如果妳不信，我可以直接在合約加上一條，侯雨彤即刻成為《逆襲皇妃》的主角！」

唐小柔為之一愣的看著夏慕恒，心想，「老哥怎不按牌理出牌？這跟我們早上討論的內容不一樣啊！」但目睹老哥看侯雨彤的眼神，穎悟絕人的唐小柔，馬上知道老哥葫蘆裡在打什麼主意。

這傢伙，怕是侯雨彤的忠實粉絲啊！

不得不說，夏慕恒這個舉動直接卸下了侯雨彤最後的心防，她當然知道《逆襲皇妃》的價值，全國轟動的網路小說，影后林子萱擔任女主角，各大影視公司窮極資源，擠破頭也想讓旗下藝人來擔任裡面的一個小角色，而她卻直接成了男主角！

侯雨彤的眼神漸漸散發出光芒，下定了決心，直接拿起筆便在合約書上簽了字。

唐小柔看著眼前終於卸下心防的侯雨彤，溫柔的說，「雨彤，從今天開始妳就是公司重點栽培的對象，我身為妳的經紀人，妳對我不能有任何隱瞞，我會重新打造妳的人設，包含妳現在經營的各大社群軟體、社交活動、合作對象，都必須透過公司來安排，發生任何事情，哪怕是家裡停電停水，妳也要告訴我。」

相較之前星雲傳播冷藏她，對她不理不睬，眼前這位新的經紀人對待自己的態度，根本是天跟地的差別，侯雨彤就像隻乖巧的小綿羊一樣，默默的點點頭。

唐小柔內心鬆了一口氣，終於……《逆襲皇妃》的所有主要演員都到齊了！

緊接著的一段時間，鉅翔就像消失一樣，一到上班時間人家是大門敞開，他們卻是鐵門拉下，內部員工個個三緘其口，一問三不知，對外封鎖所有關於《逆襲皇妃》的消息，但內部早已忙得不可開交。

林子萱雖然有好一陣子沒拍戲，但不愧是影后，很快就步上軌道，侯雨彤雖然也沉寂了一段日子，但曾經的金星獎最佳新人實力明擺在那，加上夏慕恒對她又格外照顧，《逆襲皇妃》的初步拍攝進行得非常順利。

再過三日就是《逆襲皇妃》的公開說明會，這天唐小柔撥了通電話給夏慕恒，「哥，我交代你的事情，如何？」

電話那頭的夏慕恒抹了把額上的汗，氣喘噓噓的道，「跟父親那邊又借了十億，還有利用公司向銀行增貸了五億，共十五億資金到手，我說好妹妹啊，妳又要幹什麼大事了，這麼急著要湊錢，哥一早跑了好幾十個地方，差點累死。」

唐小柔滿意的點了點頭，稱讚夏慕恒，「哥，你果然沒讓我失望，接下來你只要照我跟你說的……」

唐小柔邊說邊讓夏慕恒聽得冷汗直流，下巴差點掉了下來，「我說妹妹啊，這是在玩火啊，會出大事的！」

唐小柔的唇角微微的勾起，像個準備鬧事的小孩，「就是要鬧一波，哥你放心，我都準備好了。」

接近中午時分，各家媒體正愁沒東西可寫的時候，突然收到鉅翔傳播發出的一則新聞稿，內容非常簡短，只有一句話，「《逆襲皇妃》的男主角已確定，由侯雨彤出演！」

剛收到的記者大哥還一度懷疑自己看錯了，追問了一下旁邊的同事說，「我說小廖啊，你能幫我翻譯一下這句話嗎？」

楊哥你是老花眼了喔，這句話很簡單啊，「《逆襲皇妃》的男主角已確定，由侯雨彤出演！」

說完之後，小廖突然一愣，兩個人你看我我看你，過了幾秒鐘後，同時回神大叫，大新聞啊！快起來了還睡，「《逆襲皇妃》男主角將由侯雨彤出演！」

不得不說唐小柔真的是話題製造機，新聞稿就一句話，沒頭沒尾，其他就任由記者發揮，果然各家媒體開始鋪天蓋地的蒐集資料，這侯雨彤是誰啊？男主角不是呼聲最高的前影帝韓若非嗎？怎麼突然空降個侯雨彤阿？瞬間所有收到消息的媒體都傻了眼，開始調查這侯雨彤究竟是誰？

結果不查還好，一查不得了，除了一個最佳新人獎還拿得出檯面之外，其他竟是一些負面新聞，什麼愛耍大牌、遲到早退、驕傲自大等等，但這些偏偏都是媒體最愛的人物設定啊，一瞬間各大媒體開始爭先報導，標題竟是一些不堪入目的……

「鉅翔高層跟侯雨彤有染？靠走後門的人選？」

「侯雨彤靠肉體上位？鉅翔高層決策失敗？」

「最沒實力但又愛耍大牌的新人侯雨彤？」

《逆襲皇妃》的支持者也一面倒，發起除非換主角否則拒看活動，一瞬間鉅翔從前幾天的神操作瞬間掉下神壇，股價也從原本的十五塊，直接連跌好幾天，網友罵聲連連，甚至已經有其他跨國影視企業公開呼籲小紅帽笑笑跟鉅翔解約，願意替他支付解約後的高額違約金！

星雲傳播顧宇皓辦公室

顧宇皓一邊看著桌上的藝人資料，一邊詢問助理，「鉅翔那邊有後續消息嗎？」

助理連忙道，「報告總經理，目前鉅翔完全沒有任何人出面解釋，網路上已經鬧得沸沸揚揚，鉅翔股價已經跌到四塊多，再這樣下去應該準備下市了。」

顧宇皓一聽心情顯得不錯，「原本以為鉅翔那個總監林少是個人才，看來也只是個好色之徒，把侯雨彤弄去原來只是為了她的美色，這鉅翔已經差不多玩完了，準備好資金跟合約，準備收購合併掉他們，等鉅翔成了我們子公司，《逆襲皇妃》、小紅帽笑笑、林子萱，還不統統成為我們星雲的資產。」

助理在旁神情諂媚，陪笑著說，「總經理英明，真是料事如神，鉅翔那個林少，哪有總經理的千分，不，是萬分之一的才智呢。」

顧宇皓被恭維得心情不錯，正幻想收購鉅翔之後可以打造他的影視帝國之夢的同時，手機突然響起，他看了一眼，竟然是……姜博成。

鉅翔發布消息的第二天晚上，剛排完戲回到宿舍的侯雨彤，還沒等她拿出鑰匙，後方就出現了一個男人的聲音，「彤彤，妳回來了啊，我等妳好久了呢！」

侯雨彤臉色一僵，隨即冷笑道，「姜博成，你還有臉來找我？」

姜博成淡淡一笑，絲毫不介意侯雨彤對自己的排斥，「彤彤，妳聽我解釋，我之前會消失是因為討債集團找上門，我擔心拖累妳，妳別生氣了，我們和好吧，妳看我買了晚餐，有妳最愛吃的韓式炸雞，我們快點進去吃吧！」

侯雨彤冷著臉，「姜先生，你記錯人了，我從不吃炸的，請你離開，我要休息了。」

姜博成強壓著心中的不耐煩，繼續哄著道，「彤彤，我以前是過分了一點，但我都回來了，妳有必要這樣嗎？我都道歉，也站在這兒等妳一整天了，就不能原諒我嗎？」

如果換成是以前的侯雨彤，或許早就原諒姜博成了，但如今的她……

「被傷透心的女人，就像斷了線的風箏、被擊出去的全壘打、燃燒到了盡頭的蠟燭，再多的熱情也無法助燃。」

「女人說的不愛，是真的不愛了。」

侯雨彤淡淡一笑，「請你離開，不然我要報警了。」

姜博成開始失去耐心，昨天跟顧宇皓已經談好條件，只要我說服侯雨彤放棄出演《逆襲皇妃》，讓星雲的藝人有機會上位，就給我一百萬，原本以為只要道個歉哄一下，這女人就會乖乖聽話，誰知道幾天不見，竟然變得這麼難纏。

姜博成開始恢復以往的強勢，冷著臉，語氣變得不耐，一臉高高在上樣，「雨彤，不要忘了我以前怎麼幫妳的，沒有我妳有今天？妳現在是怎麼樣？翅膀硬了想飛了嗎？」

姜博成邊說還順勢想要強拉侯雨彤的手，就在此時，一個黑影從後方快速出現，擋在了侯雨彤的面前，一個氣喘如牛汗流浹背，左右兩手都各拿一只提袋的俊秀男子，邊喘著氣邊喊著，「雨彤，妳……妳沒事吧……？」

「慕恒哥……」侯雨彤雙手摀著嘴巴，看著全身溼透的夏慕恒，「你怎麼會來這裡？」

「我擔心妳心情不好，所以買了妳最愛吃的東西來看看妳，有妳最愛的沙朗牛、生菜沙拉、無糖優格、還有這杯半糖水果冰茶，不知道我有沒有買錯，因為上次在片場有看到妳喝，偷偷記了下來，如果買錯，我等一下再去重買。」

在這炎熱的夏天，雖然已經接近傍晚時分，但依舊悶熱難耐，只見夏慕恒手上掛滿著一堆提袋，滿滿的食物，身上的襯衫也因為汗水而溼透，連汗都來不及擦。

侯雨彤深情地看著對方，眼眶早已泛紅，從第一天遇到慕恒哥，他就對自己格外照顧，侯雨彤也不是傻瓜，當然知道對方的心思，但在感情上已經被傷害過一次，加上夏慕恒除了是鉅翔的負責人之外，更是國內最大物流公司松裕集團的獨子，她不想讓人說她是靠關係上位，所以對夏慕恒這份情感，始終避而不見，但現在看到對方竟然默默記下自己所有愛吃的東西，還擔心自己心情不好，特地過來陪伴自己，侯雨彤最後的心防也漸漸鬆動……

「慕恒哥，你這個大傻瓜……」侯雨彤幾乎是含著眼淚說出這句話。

兩人的關係似乎從這一刻也開始產生了變化，而一旁被直接漠視的姜博成，雙手緊緊握拳，一股火就快要爆炸，他何時受過這種污辱？滿臉怒色直接開罵，「侯雨彤，我原本以為外界所傳妳勾搭鉅翔高層，靠著肉體上位只是謠言，看樣子……果真如此，真看不出來妳本性如此犯賤、自甘墮落。」

侯雨彤一聽臉色慘白，氣到全身顫抖，她從沒想過自己愛了這麼多年的男人，會這樣的污衊自己，正要開口反擊時，身前一個龐大的背影站在了面前，把她擋在了身後，冷眼朝姜博成看了過去，「姜博成，講話最好客氣一點，不要以為你以前在星雲幹的勾當就能神不知鬼不覺！」

姜博成眼神閃了幾下，難道被他知道了？但隨即又恢復鎮定，「我不懂你在說什麼。」

「不懂？你怎麼會不懂？不要以為你勾結公司會計做假帳的事沒人知道，要是顧宇皓知道自己旗下的經紀人，竟然以不正當的手段中飽私囊，以他的個性，我想你準備吃不完兜著走。」夏慕恒剛講完就打開手機螢幕，畫面停留在聯絡人顧宇皓上面。

姜博成一臉驚呼，「你……」

「你什麼你，再不走我就按下去了，相信按照顧宇皓那精明的個性，只要稍做調查就能明白你的所作所為，吃個幾年牢飯我看也跑不了，奉勸你離彤彤遠一點，再讓我發現你騷擾她，我一定將這件事情公諸於世！」

姜博成狠狠看著眼前這兩個人，他巴不得把對方生吞活剝，他何時受過這種悶氣，但礙於萬一被顧宇皓知道，自己也絕不會好過的分上，只能摸著鼻子掉頭走人，臨走之前還烙下狠話，「你們給我走著瞧。」

姜博成離開之後，侯雨彤總算鬆了一口氣，她滿臉愧疚地看著夏慕恒說，「慕恒哥，對不起，給你添麻煩了。」

不要看夏慕恒平時在員工面前一臉高高在上的貴公子樣，遇到侯雨彤就像個傻大個，只見他滿臉通紅，講話支支吾吾的，「怎……怎會添麻煩……還好妳沒事……不然我該怎麼辦！」

侯雨彤噗嗤笑了出來，「我出事，怎麼會是你該怎麼辦呢？不是我該怎麼辦嗎？」

「啊！對……對……看我話都說不好了。」夏慕恒抓著自己的頭，一臉害羞樣。

夏慕恒跟侯雨彤這兩個人的關係，終於在姜博成的出現下，有了不一樣的氛圍。

隔日稍早，夏慕恒的辦公室，電腦螢幕正顯示一大串數字，紅色跟綠色的數字不斷更新。

「買！」

「再買！」

「再追加，續買。」

唐小柔一連串的指示，嚇得夏慕恒冷汗直流，「我說妹啊，十五億已經買光我們持有的公司股份接近八成以上，可股票一直狂跌，這樣下去我們會賠死啊！是不是要止血先認賠賣出一部分啊？」

唐小柔看了一下牆上的時鐘，算一算也差不多要開始了，她打開了娛樂新聞，對著夏慕恒說，「哥，還記得當初我說過的話嗎？」

夏慕恒盯著唐小柔，緊張的說，「一張不賣奇蹟自來？」

唐小柔看向電視機，裡面正播放一則娛樂新聞，仔細一看上面的畫面，竟然是《逆襲皇妃》的一分鐘預告片，畫面裡，侯雨彤一身男裝打扮，沒想到她這麼適合女扮男裝。

古裝造型讓她露出光潔的額頭，讓原本就靈動的雙眼一目了然，皮膚白皙細緻，看不到一絲毛孔，身上的穿搭按照唐小柔《逆襲皇妃》的古裝設定，一頭烏黑的長髮束起，用著鎏金冠固定著，搭配深黑色的長袍，領口跟袖口都繡著金絲流紋，腰上繫著朱紅白玉腰帶，上面還掛著一塊品質極佳的玉珮，加上侯雨彤與生俱來的氣質，讓人有一種神祕的冷漠感。

預告片中，侯雨彤神色自若的面對鏡頭，眼神透露著無盡的悲傷，我曾經這麼的相信你，但你卻利用我的信任，傷害了我……

人生若只如初見，何事秋風悲畫扇。
等閒變卻故人心，卻道故人心易變。
驪山語罷清宵半，淚雨霖鈴終不怨。

何如薄倖錦衣郎，比翼連枝當日願。

侯雨彤抬起了頭，臉上目光清澈熟練地注視著螢幕，彷彿那讓自己心碎之人就在前方一樣，隨即她表情一轉看似下定了什麼決心一樣，將固定在長髮上的鎏金冠取下，瞬間長髮飄逸，臉上也從悲傷轉成大笑，笑得淒涼笑得令人寒心……笑得令人膽戰心驚。

所有人的視線都被她深深吸引，就像身歷其境一樣，隨著她用盡力氣捏碎鎏金冠，嘶喊著最後一句：

「我聶滄，今天就跟你司徒雲兒勢不兩立，我必定追殺你們全族直到不死不休！」

當語音落下的瞬間，電視機前的觀眾竟然有人當場落淚，所有的人都無比震驚，到底是誰說她是最沒實力又耍大牌的新人？就算大牌，她這演技也足以讓她大牌啊！

一分鐘預告片很快就結束，但後面標題顯示，如果要看更多精采內容，請上侯雨彤的粉絲專頁！

而鉅翔的股價也隨著《逆襲皇妃》預告片的公布，侯雨彤演技的大爆發而開始上漲，不到一會就直接漲停，唐小柔手上的十五億持股瞬間就翻倍，看著螢幕上的數字已經鎖死的紅字，夏慕恒對於自己這個妹妹已經徹底甘拜下風。

看著妹妹這種賺錢的速度，開始讓夏慕恒懷疑，自己幹嘛這麼努力？

而此時的侯雨彤拖著疲倦的身軀剛回到家中，手機才剛開機，就接連跳出許多通知，她一度還以為當機了，緊接著電話突然響起，一看，是她的好姐妹打來，侯雨彤一接起來，對方就激動的大叫，「雨彤，恭喜妳，這次真的要火了，妳太厲害了。」

侯雨彤根本不知道發生了什麼事，因為自從經紀人換成唐小柔之後，每天一到公司手機就被沒收，之後行程就被安排得滿滿的，不是排戲就是練舞，不然就是跟各領域的專業老師學習上課。

侯雨彤一臉疑惑，「火什麼？妳說清楚一點！」

好姐妹不可思議的說，「妳還沒上粉專看嗎？妳拍的《逆襲皇妃》預告片已經被上萬人分享了，目前已經十多萬人按讚了，妳要火了啊！」

侯雨彤的粉絲專頁已經很久沒更新，粉絲數量原本也只有少少的三千多人，但現在她打開一看，粉絲數已經成長到三十萬人，而且還在倍數成長中，上頭最新的一則貼文就是《逆襲皇妃》那一分鐘的預告片，已經被轉傳上萬多次，按讚人數早就破五十萬，留言還一直不斷被更新。

其中一則分享，還是國際影后林子萱那五百萬粉專的轉發，要知道林子萱從來不轉發任何人的動態，看來也是相當肯定侯雨彤的演技，而隨著林子萱的轉發，她的粉絲也開始關注起這位沒沒無聞的新人。

侯雨彤完全愣住了，她兩腳一軟，整個人坐在了沙發上，眼淚不自覺地從眼角滑落，「林少哥說會讓我由黑轉紅，他真的沒騙我……他真的沒騙我。」

一瞬間侯雨彤整個情緒潰堤大哭，

她這幾年承受的壓力真的太多太多了……

///

一年後，影視圈的大盛事「金星獎」就在今晚舉行，紅毯前星光閃閃，群星齊聚。

今年跟往年很不一樣的是，金星獎創立五十周年了，很多旅居海外的知名導演、大明星也都紛紛回國參加，共享這份喜悅。

星雲娛樂跟凱燕皇家這娛樂圈兩大龍頭，今年依舊收穫滿滿。

星雲的旗下藝人跟作品分別入圍了，最佳男女主角、配角、劇本、導演、音效等多項大獎，尤其是他們的年度大戲《奇襲》，是由實力派演員楊潔跟齊斯顏出演，兩人分別是上屆的影后和影帝，為了寫實的拍攝出戰爭的畫面，兩位還遠赴越南的原始森林，足足待上了一個多月，為了拿獎是勢在必行。

尤其是楊潔，如果再拿一次影后，就是歷史上第一位三連冠的影后。

緊接著凱燕皇家娛樂的《監獄告白》，由韓紹俊跟葉珊妮擔任演出，兩位原本都是偶像派歌手，因緣際會參與了一場戲劇演出，從此演技大爆發，能演又能唱，是非常罕見的跨領域演員。面對來勢洶洶的星雲，凱燕也重金聘請上屆的最佳劇情獎得主莫言，來替韓紹俊跟葉珊妮打造這部專屬的現代愛情故事，果然一上市，票房屢屢創下佳績。

金星獎星光大道紅毯入口處，一台台的名貴跑車陸續抵達，賓士、BMW只能算是過過場的代步車，來到現場的大都是像法拉利、勞斯萊斯、賓利、帕加尼、西爾貝，這種破千萬的名貴跑車。

今天的頒獎典禮早已眾星雲集，紅毯上幾乎都是一線的頂級明星，各個身穿著華麗的服飾搭配名貴的珠寶，典禮還沒開始，場外就能聞到濃濃的火藥味。

會場門口，一台又一台的黑色高級轎車陸續進場，率先抵達下車的是，鉅翔的夏慕恒，今天的他紮了一頭馬尾，戴著一副細框金邊眼鏡，身材高眺、長相俊美的他，穿著一身復古的英倫貴族西裝，與生俱來的氣質，瞬間就讓人目不轉睛。

「是鉅翔傳播的夏慕恒！首度導戲就入圍了金星獎最佳導演獎，快跟上去拍。」一個現場的女記者大喊著。

各家媒體記者一聽到鉅翔的人來了，就像黃蜂般一擁而上，無奈被保鑣們擋在封鎖區外，只能爭先恐後的按著相機快門。

第一台高級黑頭車開走，緊接著第二台高級黑頭車開了進來，車門一打開，一雙修長白皙的纖纖細腿，搭配著一雙銀色細皮綁帶的水鑽細底高跟鞋，率先走出車門外，影后林子萱，今天穿著一身量身訂做的白色低胸晚禮服，將一頭墨色長髮用一根玉簪子盤在腦後，高貴優雅、氣質出眾，無意間散發著令人怦然心動的氣息。

而跟隨在後的第二位絕色女子，便是侯雨彤，她穿著一件淺黑色鑲鑽禮服，禮服難以遮掩她豐腴的嬌軀曲線，耳朵佩戴的是一對流蘇粉紅鑽石耳環。

她一下車，將原本隨意紮的一頭直髮解開，瞬間髮尾形成了自然的波浪鬈，一雙靈動自信的雙眼不時散發出猶如星辰般的光芒，站在林子萱的身旁，無論身材還是容貌，毫不遜色，這一年在鉅翔的全力栽培下，也漸漸浮現巨星風範。

不遠處的紅毯主持人遠遠就看到鉅翔的人，這些年的直覺告訴自己，他們就是實打的流量啊。火速命令攝影師將鏡頭對準入口處的他們，要知道，現在可是全國直播中啊……

瞬間現場的超大型投影螢幕，還有正在觀看直播的網友們，都看到了盛裝出席的夏慕恒、林子萱跟侯雨彤三人的身影，一瞬間直播人數就暴增到了十萬多人，網友紛紛在下面刷頻留言說……

「天啊，是夏導我的男神，又帥又有才華，還超有錢！」

「我的子萱女神，身材好戲又演得棒！」

「雨彤姐姐今天真的好美，桃園劉的華愛妳！」

一些其他家經紀公司的年輕男女藝人，全部自動退到紅毯後方去，光站在他們身邊，都快被強大的氣場壓到黯淡無光了，誰還敢跟他們一起走紅毯？

此時突然遠處傳來一個震耳欲聾、響徹雲霄的噠噠噠噠噠、哄哄哄哄引擎排氣管聲音，頓時將現場所有的貴賓視線都吸引了過去……

只見門口停著一輛手工打造藍色閃耀的世界知名「ＰＨ跑車」，最低階款就要價台幣一個億以上！前面一個全金的小Ｐ標誌，就是它的註冊商標，看到這個標誌，用比較直白的形容詞就是，錢錢錢錢錢！

所有的賓客此時此刻都在注視著車內，猜想裡面到底是誰，是盛開銀行那個敗家兒子？還是寶新保險的王老闆？外面的媒體記者一個個彷彿都嗅到新聞流量，就等著車內的人下車，快門一按照片一拍，就能開始編寫題材。

「司機大哥，我不是跟慕恒哥說過了，派來接我的車要低調、便宜就好？」唐小柔看著車窗外的賓客，一個個都在注視著車內，她苦笑著……

「林少少爺！這台車就是夏少爺最便宜的車啊……」司機大哥面露微笑的說。

在眾人期待的注視下，女扮男裝的唐小柔，一雙修長的大腿從車內邁步下來，一身黑色訂製高級西裝，裡面搭配一件紅色義大利名牌襯衫，胸前還別著一枚精緻的胸針，此時的「他」，外貌跟氣場實在太過妖孽，連當紅一線小生站在「他」身旁，也會瞬間黯淡無光，說「他」只是一位經紀人，根本沒有人會相信。

「他」一下車，林子萱、侯雨彤三人便迎了上去，主動勾起了「他」的手，夏慕恒則站在身旁，只見現場的轉播螢幕中，這兩男兩女，女的美豔動人，男的俊秀無比，四個人就像散步在自家後花園一樣的，慢慢走進紅毯中。

「我操！那就是鉅翔的王牌經紀人林少？這也太帥了吧！」

「顏值破表就算了，那與生俱來的王者之氣，是從骨子發出的，可不是那種三流小生靠後天裝出來的。」一個資深攝影師邊抽著菸邊說。

現場的記者紛紛按下快門，他們的直覺告訴自己，這些合照明天絕對會登上頭版。

「子萱姐，妳說我們會得獎嗎？」侯雨彤勾著林子萱的手臂詢問著。

「放心吧！雨彤妳絕對沒問題的！慕恒哥，你說是不是。」

「不只是雨彤沒問題，子萱妳也鐵定會得獎的。林少，妳說是吧？」

唐小柔突然停下腳步，此時三人都不約而同地望向唐小柔……

在燈光的照射下，唐小柔的臉上完美無瑕，那妖孽般俊秀的臉，一雙如潭底漆黑的眸子，猶如王者居高臨下望著前方不遠處的入口，只見她嘴角微微一笑，輕聲地說……

我們去領獎吧。

The End

國家圖書館出版品預行編目資料

你這麼可愛，留給懂的人來愛：口罩男寫給女孩們的「新・愛情童話」/口罩男著. -- 臺北市：三采文化股份有限公司, 2021.12
面；　公分. -- (Mind map ; 230)
ISBN 978-957-658-698-9(平裝)

1.婚姻 2.戀愛 3.兩性關係

544.3　　110018080

suncolor 三采文化集團

Mind Map 230

你這麼可愛，留給懂的人來愛

口罩男寫給女孩們的「新 ・ 愛情童話」

作者｜口罩男
副總編輯｜王曉雯　主編｜鄭雅芳　校對｜呂佳真
美術主編｜藍秀婷　封面插畫｜Rya　封面設計｜池婉珊　內頁排版｜郭麗瑜

發行人｜張輝明　總編輯｜曾雅青　發行所｜三采文化股份有限公司
地址｜台北市內湖區瑞光路513巷33號8樓
傳訊｜TEL:8797-1234　FAX:8797-1688　網址｜www.suncolor.com.tw
郵政劃撥｜帳號：14319060　戶名：三采文化股份有限公司
本版發行｜2021年12月30日　定價｜NT$360